Robert Wilkens

Die Finanzmarktkrise und das Strafrecht

Wilkens, Robert: Die Finanzmarktkrise und das Strafrecht, Hamburg, Igel Verlag RWS 2016

Buch-ISBN: 978-3-95485-340-3
PDF-eBook-ISBN: 978-3-95485-840-8
Druck/Herstellung: Igel Verlag RWS, Hamburg, 2016

Bibliografische Information der Deutschen Nationalbibliothek:
Die Deutsche Nationalbibliothek verzeichnet diese Publikation in der Deutschen
Nationalbibliografie; detaillierte bibliografische Daten sind im Internet über
http://dnb.d-nb.de abrufbar.

© Igel Verlag RWS, Imprint der Diplomica Verlag GmbH
Hermannstal 119k, 22119 Hamburg
http://www.diplomica.de, Hamburg 2016
Printed in Germany

Inhaltsverzeichnis

1 Einleitung

Der deutsche Staat stellte in den letzten Jahren in etwa 630 Mrd. Euro als Hilfen und Bürgschaften für Banken, 115 Mrd. Euro als Bürgschaften für Privatunternehmen und 84 Mrd. Euro für Konjunkturprogramme zur Verfügung.[1] Dies alles als Beitrag, um den globalen Finanzmarkt vor einem sicheren Zusammenbruch zu bewahren, nachdem über diesen in den Jahren 2007 und 2008 eine der schwersten Krisen überhaupt hereingebrochen ist. Angesichts der Ausmaße stellen sich weltweit entscheidende Fragen: Handelte es sich um ein unvorhersehbares Ereignis, welches gleich einer Naturkatastrophe auftauchte oder lagen die Ursachen in menschlicher Hand? Sofern Letzteres der Fall war, stellt sich sogleich die Frage nach der Verantwortlichkeit. Entscheidend ist diesbezüglich nicht nur eine zivilrechtliche Perspektive, sondern es geht auch darum, ob bestimmte Personen für ihre, im Vorfeld der Finanzmarktkrise getätigten, Handlungen strafrechtlich zur Verantwortung gezogen werden können.

Die aufgeworfenen Fragen sollen im Verlauf dieses Buches beantwortet werden. Dies macht jedoch zunächst eine ausführliche Auseinandersetzung mit den komplexen Umständen der Krise erforderlich. Die Untersuchung gliedert sich daher zwangsläufig in drei Hauptteile:

Im ersten Schritt soll der, der späteren strafrechtlichen Würdigung zugrunde liegende, Sachverhalt deutlich gemacht werden. Hierfür werden die relevanten ökonomischen Rahmenbedingungen, Zusammenhänge und Ereignisverläufe geschildert. Zudem sollen die einschlägigen Finanzprodukte und Geschäftsmodelle in ihrer Struktur und Bedeutung dargestellt werden.

Im zweiten Schritt soll ein möglicher Zusammenhang zwischen der Komplexität internationaler Finanzmärkte und kriminogenem Verhalten am Kapitalmarkt untersucht werden.

Schließlich wird anhand der Untreue (§ 266 StGB) aufgezeigt, inwieweit sich Bankvorstände und andere Entscheidungsträger durch ihr Handeln strafbar gemacht haben könnten.

---

[1] Sinn, Kasino Kapitalismus, S. 11.

2 Sachverhalt

2.1 Die Entwicklung der Subprime-Krise

Zunächst sollen die wichtigsten Faktoren, welche die ökonomische Grundlage für die weltweite Finanzmarktkrise bildeten, kurz dargestellt werden. Hierbei kann die Ursachensuche zwar nicht nur auf die USA begrenzt werden, jedoch lassen sich Schlüsselfaktoren hier besonders ausgeprägt identifizieren. Aus diesem Grund soll auf die Situation und die Entwicklungen in den USA vor und während der Krise eingegangen werden.

2.1.1 Privathaushalte: Leben über die Verhältnisse

Ein Faktor, der zu den späteren verheerenden Umständen beitrug, besteht in der niedrigen Sparquote der amerikanischen Privathaushalte. Die Sparquote gibt an, welcher durchschnittliche Anteil der bei den Privathaushalten verfügbaren Einkommen nicht konsumiert sondern gespart wird.[2] Die Sparquote fiel nach 1980 konsequent, bis sie im Jahr 2005 einen Tiefstwert von 0,4% erreichte. 2009 wurde als Reaktion auf die heftigen Debatten und tiefe Besorgnis die Messmethode rückwirkend geändert, was den Wert von 2005 auf 1,4% erhöhte.[3] Auch diese Zahl ist jedoch im internationalen Vergleich extrem niedrig, so betrug zum Beispiel die Sparquote der deutschen Haushalte in dieser Zeit durchschnittlich 10,8%.[4] Wichtig bei diesen Zahlen ist, dass es sich um Durchschnittswerte handelt. Da reiche Amerikaner auch in diesen Phasen gespart haben, bedeutet dies im Umkehrschluss, dass große Teile der ärmeren Bevölkerung über Ihre Verhältnisse lebten.[5] Dieses Leben wurde zum Teil mit Krediten finanziert, worauf später noch genauer eingegangen werden soll.

2.1.2 Finanzmarkt: hohe Liquidität, niedriger Dollarkurs und niedrige Zinsen

Einen weiteren großen Faktor stellt die hohe Liquidität auf dem amerikanischen Kapitalmarkt dar. Diese ergab sich daraus, dass infolge der Asienkrise in den 90er Jahren private und institutionelle Anleger in den Schwellenländern das Vertrauen in die heimi-

---

[2] Sinn, Kasino Kapitalismus, S. 44.
[3] Sinn, Kasino Kapitalismus, S. 44f.
[4] Statistisches Bundesamt, Fachserie 18, Reihe 1.2, 3. Vierteljahr 2009.
[5] Sinn, Kasino Kapitalismus, S. 47.

schen Finanzmärkte verloren und zunehmend auf Geldanlagen in wirtschaftlich stabileren Industrienationen wie den USA oder Europa setzten.[6]

Da die Warenimporte der USA die Exporte bei weitem überstiegen, entwickelte sich ein dauerhaftes Leistungsbilanzdefizit, welches 2006 bei minus 812 Mrd. USD lag.[7] Der Importüberschuss muss mit Vermögenswerten abgegolten werden. Dies hatte zunächst einen Abfluss von Dollars in das Ausland zur Folge. Aufgrund höherer Renditen tauschen die ausländischen Empfänger diese Dollars jedoch in amerikanische Wertpapiere und Realvermögenswerte um, was letztlich bedeutet, dass das Kapital zurückfließt und die Amerikaner ihr Leistungsbilanzdefizit stattdessen mit Schuldverschreibungen privater Emittenten und Aktien bezahlen. Der Abfluss dieser Vermögenstitel im Austausch für den Zufluss von Kapital wird als amerikanischer Kapitalimport bezeichnet.[8] Die Kapitalexportländer – insbesondere China – bauten große Währungsreserven des amerikanischen Dollars auf, um die Nachfrage nach dem Dollar hochzuhalten und die Wechselkurse somit zu stabilisieren.[9] Trotzdem kam es, vor allem seit der Einführung des Euros, zu einer stetigen Abwertung des Dollars.[10]

Zu der durch die Kapitalimporte hohen Liquidität auf dem amerikanischen Kapitalmarkt trat der Umstand, dass die amerikanische Zentralbank die Leitzinsen bis zum Jahr 2003 extrem niedrig hielt (1%) um der Konjunkturkrise nach den Anschlägen vom 11. September 2001 entgegenzuwirken.[11] Die enorme Liquidität und die niedrigen Leitzinsen bewirkten, dass gängige Finanzprodukte wie US-Anleihen unattraktiv wurden und Kredite zu günstigen Konditionen aufgenommen werden konnten.[12] Nachdem zunächst in die vielversprechende Technologiebranche investiert wurde und es im Anschluss zum Platzen der sogenannten „Dot-com-Blase" im Jahr 2000 kam, entwickelte sich eine große Nachfrage nach neuen Anlageformen, welche sich für die renditeorientierten Investoren letztlich im aufkeimenden Immobilienboom ergaben.[13]

---

[6] Mock/Kappius, Verlauf der Finanzkrise, S. 3f.

[7] Mock/Kappius, Verlauf der Finanzkrise, S. 4.

[8] Sinn, Kasino Kapitalismus, S. 47.

[9] Mock/Kappius, Verlauf der Finanzkrise, S. 4.

[10] Sinn, Kasino Kapitalismus, S. 53ff.

[11] Sinn, Kasino Kapitalismus, S. 156.

[12] Mock/Kappius, Verlauf der Finanzkrise, S. 4.

[13] Schünemann in Schünemann, Die sog. Finanzkrise, S. 75; Mock/Kappius, Verlauf der Finanzkrise, S. 4f.

2.1.3 Immobilienmarkt: Steigende Preise und gesetzlich verordnete Darlehen

Durch das sehr niedrige Zinsniveau konnten Kredite günstig aufgenommen werden und eine gesteigerte Nachfrage nach Immobilien entstand.[14] Für das Verständnis des amerikanischen Immobilienbooms sind jedoch zwei gesetzliche Regularien von entscheidender Bedeutung, welche in dieser Art nahezu einzigartig in der Welt sind. Zum einen gibt es in den USA für einen säumigen Hypothekenschuldner grundsätzlich keine Durchgriffshaftung gegen das restliche Vermögen oder das Arbeitseinkommen.[15] Im Gegensatz zum deutschen Recht, bei dem eine Grundschuld oder Hypothek als reine Sicherheit dient und der Schuldner bezüglich der Restschulden in Anspruch genommen werden kann, wenn die Befriedigung aus dem Grundstück nicht ausreicht, kann sich ein amerikanischer Darlehensgeber nur aus dem betreffenden Grundstück befriedigen und der Schuldner wird von allen Leistungsverpflichtungen aus dem hypothekengesicherten Darlehen frei.[16] In acht amerikanischen Staaten gibt es dafür spezielle Armutsschutzgesetze (*anti-deficiency laws*), welche die Banken zur Vergabe dieser regressfreien Kredite (*non-recourse loans*) zwingen. In den übrigen US-Staaten ist die Vergabe solcher Kredite aus Wettbewerbsgründen ebenso an der Tagesordnung.[17]

Die zweite wichtige Regelung stellt ein amerikanisches Bundesgesetz dar, welches 1995 in Kraft trat und eigentlich den Verfall von Wohnvierteln stoppen sollte: Der *Community Reinvestment Act* (CRA). Durch dieses Gesetz wurden Banken verpflichtet, auch an Kunden mit geringer Bonität Kredite zu vergeben, sodass praktisch jeder in die Lage versetzt wurde, eine Immobilie erwerben zu können.[18]

Durch das Zusammenspiel der Haftungsbeschränkung und des CRA ergibt sich eine folgenschwere Situation: Nahezu jeder Amerikaner wird nun in die Lage versetzt, mit Immobilien spekulieren zu können. Durch die seit Ende der 90er Jahre rasant steigenden Immobilienpreise[19] konnte auf einen anhaltenden Wertzuwachs gehofft werden, durch welchen im besten Fall der Kredit getilgt und zudem noch ein Überschuss generiert werden kann. Das wichtigste ist jedoch, dass es für den Kreditnehmer keinerlei Risiko gibt. Denn wenn er sich finanziell übernommen hat, hat er außer der mithilfe des Kredits erworbenen Immobilie nichts zu verlieren.

---

[14] De Larosière, Report, S. 7.

[15] Sinn, Kasino Kapitalismus, S. 139f.

[16] Schröder, Handbuch Kapitalmarktstrafrecht, Rn 1133.

[17] Sinn, Kasino Kapitalismus, S. 139f.

[18] Sinn, Kasino Kapitalismus, S. 150f; Whalen, The Subprime Crisis, S. 3.

[19] Vgl. Standard and Poor's, S&P/Case-Shiller Home Price Indices.

Dieser Anreiz veranlasste die amerikanische Bevölkerung zu hemmungslosen Kaufentscheidungen, wodurch die Nachfrage immer weiter gesteigert wurde, was wiederrum die Immobilienpreise weiter nach oben trieb und die Spekulation zusätzlich anheizte.[20]

Die steigenden Immobilienpreise beeinflussten jedoch auch das Verhalten der Banken. So wurden in Erwartung des sicheren Wertzuwachses Kredite vergeben, deren variable Anfangszinsen sich am Leitzins orientierten und somit sehr niedrig waren („Teaser-Rate-Hypotheken") oder Kredite, die man statt zu tilgen noch aufstocken konnte („Payment-Option-Kredite" und „piggybacks").[21] Des Weiteren wurde der geforderte Eigenkapitalanteil für einen Hauskredit, welcher traditionsgemäß in den USA bei 20% lag, immer weiter minimiert bis er letztendlich bei null lag und der Hauserwerb somit durch die Bank vollfinanziert wurde. Es ging sogar soweit, dass Banken die Häuser mit bis zu 125% des Wertes beliehen und die Kreditnehmer den Überschuss zu Konsumzwecken nutzen konnten.[22]

Im Zuge der geschilderten Entwicklungen stieg in erster Linie die Kreditvergabe an Geringverdiener und Arbeitslose, welche weder Eigenkapital noch Einkommen hatten, um die Kredite zu bedienen. Diese Art von Krediten bezeichnete man als „NINJA-Kredite", was für *no income, no job and no assets* (Kein Einkommen, keine Arbeit und keine Vermögenswerte) stand.[23] Vor allem den NINJA-Kreditnehmern fiel es zum Teil schon schwer überhaupt die erste Rate zu bezahlen, wodurch die Vergabe solcher Kredite für die Banken ein enormes Risiko darstellte.[24]

Der Markt für diese problematischen Kredite wird als *Subprime*-Markt bezeichnet, um ihn vom *Prime*-Markt, der Vergabe von risikoärmeren Krediten, abzugrenzen.[25] Vor allem in der Spätphase des Immobilienbooms stieg die Zahl der vergebenen Subprime-Kredite dramatisch an. Während es im Jahr 1998 praktisch noch keine Subprime-Kredite gab, belief sich ihre Zahl im Jahr 2006 auf mehr als sechs Millionen, wobei der sprunghafteste Anstieg der Kreditabschlüsse im Jahr 2003 zu verzeichnen war.[26] Der Wertanteil der Subprime- und „Alt-A" (deren Risiko zwischen Subprime und Prime liegt[27]) - Kredite am Gesamtwert der vergebenen Hypothekenkredite stieg ebenfalls von 10% im Jahr 2001 auf 34% im Jahr 2006 an.[28]

---

[20] Hüther, Arbeitsweise der Bankenaufsicht, S. 27f; Mock/Kappius, Verlauf der Finanzkrise, S. 6.
[21] Dodd/Mills, F&D 2008, S. 14f.
[22] Sinn, Kasino Kapitalismus, S. 144f.
[23] Dodd/Mills, F&D 2008, S. 14.
[24] Sinn, Kasino Kapitalismus, S. 155.
[25] Hüther, Arbeitsweise der Bankenaufsicht, S. 27.
[26] Sinn, Kasino Kapitalismus, S. 156.
[27] Dodd/Mills, F&D 2008, S. 14.
[28] Sinn, Kasino Kapitalismus, S. 155f.

2.1.4 Das Platzen der Immobilienblase

Im Winter 2003/2004 erhöhte die Zentralbank die bis dahin niedrigen Leitzinsen wieder, wodurch bei vielen der ärmeren Haushalte eine nicht zu tragende Zusatzbelastung entstand. Viele der Hauseigentümer, welche zunächst von den Schonzeiten und den variablen Zinsen der scheinbar attraktiven Kreditmodelle profitierten, konnten nun die Belastungen nicht mehr tragen, weshalb es in der Folge zu einem rasanten Anstieg von Zwangsversteigerungen im Subprime-Segment kam.[29] Zunächst war dies ohne größere Auswirkung für das Steigen der Immobilienpreise und die weitergehende Vergabe neuer Subprime-Kredite. Dies erklärt sich aus einer schneeballartigen Struktur des Systems: Da die Gebäude, welche aufgrund von Zahlungsausfällen bei den NINJA-Kreditnehmern zwangsversteigert wurden, in aller Regel in den ärmeren Wohngegenden lagen, wurden diese bei der Versteigerung auch meist nur von Angehörigen der ärmeren Schichten erworben, welche den Kauf wiederum mit neuen NINJA-Krediten finanzierten.[30]

Nach einem fortlaufend rasanten Anstieg der Zwangsversteigerungen stoppten die Banken jedoch die Vergabe riskanter Kredite im Jahr 2006.[31] Dadurch endete auch das schneeballartige System im Subprime-Segment. Denn da es für die ärmeren Schichten keine NINJA-Kredite mehr gab, fanden die zwangsversteigerten Häuser in den ärmeren Gegenden keine Abnehmer mehr. Ab diesem Zeitpunkt stiegen auch die Hauspreise nicht mehr und fielen kurz darauf dramatisch ab.[32] Der rasche Zusammenbruch des Gebildes erklärt sich aus der Natur von Spekulationsblasen: Solange die Marktteilnehmer an ein Ansteigen der Preise glauben und diese Preise auch bereit sind zu zahlen, steigen die Preise tatsächlich weiter. Jedoch genügen wenige schlechte Nachrichten, um eine Wende herbeizuführen. Zu Anfang führten die Nachrichten von fehlender Nachfrage im Subprime-Sektor dazu, dass viele Hauseigentümer ihre Immobilien noch zu guten Preisen verkaufen wollten, wodurch der Preisanstieg zunächst verlangsamt wurde und später in die Gegenrichtung umschlug. Der danach einsetzende schnelle Wertverfall führte dazu, dass selbst Kreditnehmer aus dem Prime-Segment in die Überschuldung gerieten. Da die Banken die Verlängerung und Aufstockung der Kredite verwehrten, kam es auch bei grundsätzlich solventen Schuldnern zu Zwangsversteigerungen. Auf diese Weise übertrug sich die Subprime-Krise auf den gesamten Immobilienmarkt.[33] Die erworbenen Häuser wurden schlagartig wertlos und mit ihnen die durch sie gesicherten Kredite.

---

[29] Schröder, Handbuch Kapitalmarktstrafrecht, Rn 1131; Sinn, Kasino Kapitalismus, S. 156f.
[30] Schünemann in Schünemann, Die sog. Finanzkrise, S. 75.
[31] Sinn, Kasino Kapitalismus, S. 156.
[32] Standard and Poor's, S&P/Case-Shiller Home Price Indices.
[33] Sinn, Kasino Kapitalismus, S. 157f.

2.2 Komplexität und Finanzmarktkrise

Ein wichtiger Punkt, der bei der Betrachtung der Finanzmarktkrise nicht außer Acht gelassen werden sollte, ist, dass das klassische Bankgeschäft zum einen stetig internationalisiert wurde und zum anderen höchst unterschiedliche Geschäftsansätze wie Hedgefonds, Private Equity oder Venture Capital Einzug erhielten.[34]

Hinzu kommt, dass eine immer weiter wachsende Anzahl neuer Finanzprodukte die Komplexität und Intransparenz der Finanzmärkte immer weiter ansteigen lässt. Dies führte dazu, dass selbst professionelle Marktteilnehmer oftmals überfordert waren und das Risikopotential der eigenen Geschäfte und Geschäftsmodelle nicht mehr überblicken konnten.[35] Eine für die vorliegende Untersuchung besonders relevante Fallgruppe dieser komplexen Finanzprodukte stellt die Verbriefung von Kreditrisiken in sogenannte ABS-Anleihen und deren Weiterverbriefung in ABCP-Programme dar.

2.2.1 Die Verbriefung der Kredite in ABS-Anleihen: Auslagerung des Risikos

Da die amerikanischen Hypothekenbanken durch den Community Reinvestment Act gezwungen waren, die oben beschriebenen Subprime-Kredite zu vergeben, waren sie schon frühzeitig daran interessiert, das damit verbundene Risiko schnellstmöglich an Dritte auszulagern. Die Lösung dieses Problems bestand in der Verbriefung der Kreditansprüche in ABS-Anleihen.[36] Die Verbriefung von Krediten und Kreditrisiken kann mittels unterschiedlicher Verfahren verlaufen. Hierbei wird zunächst zwischen traditioneller und synthetischer Kreditverbriefung unterschieden. Während bei den traditionellen Verbriefungsverfahren ein echter Verkauf (*true sale*) stattfindet[37], wird bei einer synthetischen Verbriefung nicht der Kredit an sich, sondern nur das Risiko mittels verschiedener Kreditderivate transferiert, wobei die sogenannten Credit Default Swaps (CDS) die gängigste Variante darstellen.[38]

Die folgenden Erläuterungen beziehen sich jedoch auf das traditionelle true sale-Verfahren, da daran die Kreditverbriefung am anschaulichsten dargestellt werden kann.

---

[34] Schröder, Handbuch Kapitalmarktstrafrecht, Rn 1082.

[35] Schröder in Bannenberg, Wirtschaftskriminalität, S. 243.

[36] De Larosière, Report, S. 7; Hüther, Arbeitsweise der Bankenaufsicht, S. 26.

[37] Ricken, Verbriefung von Krediten und Forderungen in Deutschland, S. 21; Tollmann in Boos/Fischer/Schulte-Mattler, KWG, Vor §§22a-22o, Rn 4.

[38] Ricken, Verbriefung von Krediten und Forderungen in Deutschland, S. 26f; Tollmann in Boos/Fischer/Schulte-Mattler, KWG, Vor §§22a-22o, Rn 4.

2.2.1.1 Die Definition von ABS-Anleihen

Die Abkürzung ABS steht für *Asset-Backed-Securities*.[39] Hierbei handelt es sich um Wertpapiere (*securities*), die durch Vermögensgegenstände (*assets*) gegen einen Kapitalverlust abgesichert (*backed*) sind.[40] Eine allgemein gültige Definition von ABS-Anleihen ist nicht vorhanden, jedoch wird zumeist auf die Definition des Bundesaufsichtsamtes für das Kreditwesen – BAKred (heute Bundesanstalt für Finanzdienstleistungsaufsicht – BaFin) – zurückgegriffen[41]. Danach sind ABS-Anleihen „Wertpapiere oder Schuldscheine [...], die Zahlungsansprüche gegen eine ausschließlich dem Zweck der ABS-Transaktion dienende Zweckgesellschaft zum Gegenstand haben. Die Zahlungsansprüche werden durch einen Bestand unverbriefter Forderungen („*assets*') gedeckt („*backed*'), die auf die Zweckgesellschaft übertragen werden und im wesentlichen den Inhabern der Asset-Backed Securities (Investoren) als Haftungsgrundlage zur Verfügung stehen".[42] Die Vermögenswerte (*assets*) decken die ausgegebenen Wertpapiere dergestalt ab, dass der Emittent die eingenommenen Zahlungen an die Käufer der Wertpapiere weiterreichen kann, weshalb man ABS-Anleihen grob als „forderungsgestützte" oder „vermögenswertunterlegte Wertpapiere" übersetzen kann.[43] Verbriefbar sind hierbei prinzipiell alle Vermögenswerte, die einen stabilen Zahlungsfluss (*cash flow*) generieren.[44] Dies können nicht nur Darlehensansprüche sein, sondern auch Forderungen aus Leasing, Einzelhandel oder anderen Geschäften.[45] Je nach den, den Wertpapieren zugrunde liegenden, Vermögenswerten wird daher zwischen verschiedenen Unterkategorien von ABS-Anleihen differenziert. So werden verbriefte Hypothekenforderungen im Privat- (*residential*) oder Geschäftskundenbereich (*commercial*) als *Mortgage-Backed Securities* (MBS) bezeichnet. Bei verbrieften Forderungen aus Krediten (*loans*) oder Anleihen (*bonds*) an institutionelle Schuldner spricht man dagegen von *Collateralized Loan Obligations* (CLOs) bzw. *Collateralized Debt Obligations* (CDOs). Jedoch wird der Begriff CDO zum Teil auch in weiter gefasster Form verwendet und umfasst alle Verbriefungen durch Banken, der hypothekarisch gesicherten Kredite eingeschlossen.[46]

Eine besondere Rolle für die Finanzmarktkrise spielte die Kategorie von ABS-Anleihen, welche hypothekengesicherte Immobilienkredite in den USA verbrieften (MBS), wes-

---

[39] Tollmann in Boos/Fischer/Schulte-Mattler, KWG, Vor §§22a-22o, Rn 2.

[40] Schröder, NJW 2010, S. 1169.

[41] Tollmann in Boos/Fischer/Schulte-Mattler, KWG, Vor §§22a-22o, Rn 2, Fn 5; Zeising, BKR 2007, S. 311; Schröder, Handbuch Kapitalmarktstrafrecht, Rn 1086.

[42] BAKred, Rundschreiben 4/1997.

[43] Schröder, Handbuch Kapitalmarktstrafrecht, Rn 1085.

[44] Geiger in Habersack/Mülbert/Schlitt, Unternehmensfinanzierung am Kapitalmarkt, § 18 Rn 7; Zeising, BKR 2007, S. 312.

[45] Zeising, BKR 2007, S. 312; Schröder in Bannenberg, Wirtschaftskriminalität, S. 243.

[46] Ricken, Verbriefung von Krediten und Forderungen in Deutschland, S. 38f; Schröder, Handbuch Kapitalmarktstrafrecht, Rn 1089.

halb diese im Mittelpunkt der weiteren Betrachtung des Verbriefungsverfahrens stehen sollen.

2.2.1.2 Die kreditgebende Bank (Originator)

Das Verbriefungsverfahren findet unter Einschaltung einer Vielzahl von Akteuren statt. Die ursprünglich kreditgebende Bank, die sich von ihren Krediten trennen möchte, wird hierbei als *Originator* bezeichnet.[47] Dieser greift auf die Dienste eines sogenannten *Arrangers* – ein auf strukturierte Finanzierungen spezialisiertes Finanz- oder Kreditinstitut (zumeist eine Investmentbank) – zurück.[48] Im deutschen Bankenaufsichtsrecht wird der Originator als Refinanzierungsunternehmen bezeichnet. Gem. § 1 Abs. 24 KWG handelt es sich dabei um Unternehmen, die zum Zwecke der eigenen Refinanzierung Gegenstände oder Ansprüche auf deren Übertragung aus ihrem Geschäftsbetrieb an Zweckgesellschaften oder Refinanzierungsmittler veräußern. § 1 Abs. 25 KWG definiert den Refinanzierungsmittler, was die deutsche Bezeichnung für den Arranger ist.[49]

2.2.1.3 Der Refinanzierungsmittler (Arranger)

Die Aufgabe des Arrangers besteht zum einen in der Beratung des Originators und der Kontaktherstellung zu den anderen Parteien. Zum anderen ist er für die Analyse und Strukturierung des für die Verbriefung in Betracht kommenden Kreditportfolios der kreditgebenden Bank zuständig. Hierbei wird versucht, Kredite gleicher Gattung und ähnlich langer Laufzeit zusammenzuführen.[50]

2.2.1.4 Die Zweckgesellschaft (SPV)

Die Zweckgesellschaft stellt den Kern der ABS-Transaktion dar.[51] Sie wird auch als *Special Purpose Vehicle* (SPV) bezeichnet.[52]

Gem. § 1 Abs. 26 KWG sind Zweckgesellschaften Unternehmen, deren wesentlicher Zweck darin besteht, durch Emission von Finanzinstrumenten oder auf sonstige Weise Gelder aufzunehmen oder andere vermögenswerte Vorteile zu erlangen, um von Refinanzierungsunternehmen oder Refinanzierungsmittlern Gegenstände aus dem Ge-

---

[47] Ricken, Verbriefung von Krediten und Forderungen in Deutschland, S. 21; Geiger in Habersack/Mülbert/Schlitt, Unternehmensfinanzierung am Kapitalmarkt, § 18 Rn 2.

[48] Schröder, Handbuch Kapitalmarktstrafrecht, Rn 1091; Ricken, Verbriefung von Krediten und Forderungen in Deutschland, S. 21.

[49] Schröder, Handbuch Kapitalmarktstrafrecht, Rn 1091.

[50] Schröder, Handbuch Kapitalmarktstrafrecht, Rn 1093; Ricken, Verbriefung von Krediten und Forderungen in Deutschland, S. 21.

[51] Zeising, BKR 2007, S. 312.

schäftsbetrieb eines Refinanzierungsunternehmens oder Ansprüche auf deren Übertragung zu erwerben.

Die Zweckgesellschaft dient demnach als Ankäufer für das Kreditportfolio. Sie wird eigens zur Durchführung der Verbriefung gegründet und muss rechtlich und wirtschaftlich unabhängig vom Originator sein.[53] Dies hat sowohl insolvenz- als auch bilanzrechtliche Gründe: Zweck der ABS-Transaktion ist es, dass die Käufer der Anleihe allein das Ausfallrisiko der Vermögensgegenstände (*assets*) tragen sollen. Würden diese beim Refinanzierungsunternehmen, also dem Originator, verbleiben, müssten die Investoren zusätzlich noch dessen Insolvenzrisiko tragen, da die Vermögensgegenstände Teil der Insolvenzmasse werden würden und die Befriedigung der Investoren somit von der Insolvenzquote abhinge.[54] Zudem befänden sich die Vermögensgegenstände weiterhin in der Bilanz des Originators und wären daher weiterhin mit Eigenkapital zu unterlegen.[55] Dies ist ebenso wenig gewollt wie eine Verpflichtung des Originators für die Verbindlichkeiten der Zweckgesellschaft einzustehen, was der Fall wäre, wenn die SPV nur als Tochtergesellschaft des Refinanzierungsunternehmens fungieren würde (im deutschen Recht ergäbe sich eine solche Verpflichtung aus den §§ 290ff. HGB).[56] Durch den Verkauf des Kreditportfolios an eine rechtlich eigenständige Zweckgesellschaft wird demnach das Ziel verfolgt, das Kreditportfolio insolvenzfest zu machen und die Kredite aus der Bilanz der ursprünglich kreditgebenden Bank zu tilgen, sodass deren Verpflichtung zur Eigenkapitalunterlegung wegfällt, das Ausfallrisiko ausgelagert wird und die Kreditforderung noch während der Laufzeit faktisch beglichen wird.[57]

Die vom Arranger im Zuge der Analyse und Strukturierung des Portfolios ausgewählten Einzelkredite werden nun zunächst mittels einer Zession i.S.d. §§ 398 ff. BGB an die Zweckgesellschaft übertragen. Da die Zweckgesellschaft außer dem notwendigen Vorstand keine Mitarbeiter besitzt, wird die Verwaltung, Überwachung und Inkasso der angekauften Kredite von einem sogenannten *Servicer* übernommen. In der Regel ist das der Originator (und somit die gleiche Bank, die die Kredite ursprünglich vergeben hat), was den Vorteil hat, dass dessen Beziehung zum Kunden unverändert bleibt.[58] Die Erfüllung dieser Aufgabe löst einen Provisionsanspruch gegen die Zweckgesellschaft aus.[59] Das Kapital, welches die Zweckgesellschaft als Servicer-Gebühr und Kaufpreis

---

[52] Ebenda.

[53] Ricken, Verbriefung von Krediten und Forderungen in Deutschland, S. 22.

[54] Tollmann in Boos/Fischer/Schulte-Mattler, KWG, Vor §§22a-22o, Rn 8.

[55] Ebenda.

[56] Zeising, BKR 2007, S. 312.

[57] Schröder, Handbuch Kapitalmarktstrafrecht, Rn 1090ff; Hüther, Arbeitsweise der Bankenaufsicht, S. 26; Zeising, BKR 2007, S. 312; Tollmann in Boos/Fischer/Schulte-Mattler, KWG, Vor §§22a-22o, Rn 8.

[58] Ricken, Verbriefung von Krediten und Forderungen in Deutschland, S. 23f.

[59] Ricken, Verbriefung von Krediten und Forderungen in Deutschland, S. 24.

für die Kredite an den Originator zahlt, erlangt sie durch das Emittieren von Wertpapieren, die mit den erworbenen Kreditforderungen unterlegt sind – den ABS-Anleihen.[60] Die in dem Portfolio zusammengefassten Einzelkredite werden somit zum handelbaren Kapitalmarktpapier, wobei jedoch nicht die Kreditforderungen als solche, sondern nur das durch sie unterlegte Wertpapier gehandelt wird.[61]

2.2.1.5 Die Verbriefung (Securitisation)

Die von den SPV ausgegebenen Wertpapiere stellen (nach deutschem Recht) Schuldverschreibungen i.S.d. §§ 793ff. BGB oder Schuldscheine i.S.d. § 371 BGB dar, wodurch der Käufer der ABS-Anleihe einen Anspruch gegen die Zweckgesellschaft auf Rückzahlung des Kaufpreises zuzüglich attraktiver Risikoprämien erhält. Die hohen Zinsen sind jedoch der Preis für das im Gegenzug übernommene Verlustbeteiligungsrisiko, was bedeutet, dass der Käufer der Anleihe bei Ausfall der Zahlungsströme aus den Vermögenswerten (den Kreditforderungen) geringere oder gar keine Verzinsung erhält oder gar einen Teil seines Rückzahlungsanspruches verliert.[62] Um dieses Risiko für den Investor zu minimieren und die ABS-Anleihe somit attraktiv zu gestalten, kamen verschiedene Sicherungstechniken (*credit enhancements*) zur Anwendung, durch die das Kreditrisiko mittels Derivaten, Kreditversicherungen oder Garantieerklärungen auf externe Sicherungsgeber wie Versicherungsgesellschaften, Anleiheversicherer (*monoliner*) oder Banken mit erstklassiger Bonität übertragen wurde.[63] Als bedeutendste Sicherungstechnik wird jedoch in der Regel eine Rangordnungs-Konstruktion (*subordination*) der emittierten Wertpapiere geschaffen.[64] Dies bedeutet, dass das zugrunde liegende Portfolio in verschiedene Tranchen eingeteilt wird, die in einer strengen Hierarchie zueinander stehen und sich nach dem ihnen zugrunde liegenden Verlustrisiko abgrenzen.[65] Zweck dieser Einteilung ist es, dass die niederen Tranchen eine Art Risikopuffer für die darüber liegenden bilden.[66] Erreicht wird dies, indem die Befriedigung der Gläubiger in einer festgelegten Rangfolge abläuft, was auch als Wasserfallprinzip bezeichnet wird und mit der Regelung nach § 10 ZVG vergleichbar ist.[67] Die oberste Tranche wird dabei als „*senior tranche*" bezeichnet. Sie stellt in der Regel auch den größten Teil des Emis-

---

[60] Geiger in Habersack/Mülbert/Schlitt, Unternehmensfinanzierung am Kapitalmarkt, § 18 Rn 3.

[61] Rousseau, Regulating Credit Rating Agencies after the Financial Crisis, S. 6; Schröder, Handbuch Kapitalmarktstrafrecht, Rn 1099.

[62] Zeising, BKR 2007, S. 314; Rousseau, Regulating Credit Rating Agencies after the Financial Crisis, S. 6.

[63] Ricken, Verbriefung von Krediten und Forderungen in Deutschland, S. 34; Schröder, Handbuch Kapitalmarktstrafrecht, Rn 1102.

[64] Kumpan, Journal of Corporate Law Studies 2009, S. 264.

[65] Rousseau, Regulating Credit Rating Agencies after the Financial Crisis, S. 6.

[66] Schröder in Bannenberg, Wirtschaftskriminalität, S. 244.

[67] Zeising, BKR 2007, S. 314; Schröder, Handbuch Kapitalmarktstrafrecht, Rn 1103.

sionsvolumens – oftmals über 90% – dar.[68] Erst wenn die Gläubiger der Senior-Tranche aus dem Kapitalfluss der verbrieften Kreditforderungen befriedigt sind, werden die Gläubiger der nachrangigen, den sogenannten *„mezzanine"*, *„subordinated"* oder *„junior"*-Tranchen, befriedigt. Die unterste Tranche wird als *„equity tranche"* bzw. *„equity piece"* (Eigenkapitalposition) bezeichnet, da sie ähnlich dem Eigenkapital einer Unternehmung erst nach dem Fremdkapital zu bedienen ist.[69] Teilweise wird die durch die Equity Tranche dargestellte Erstverlustposition vom Originator selbst übernommen, sodass dieser alle entstehenden Verluste bis zur Höhe der einbehaltenen Tranche trägt.[70] Der Risikogehalt der unterschiedlichen Tranchen drückt sich zum einen durch deren unterschiedlich hohe Verzinsung aus. Während die Zinsen der „risikoarmen" Senior-Tranche-Wertpapiere oftmals nur wenige Basispunkte über denen der „risikolosen" Staatsanleihen gleicher Laufzeit lagen, wurden für die darunter liegenden Tranchen deutlich höhere Renditen in Aussicht gestellt.[71] Zum anderen drückt sich das jeweilige Risiko durch das Rating des Wertpapiers aus. Dies ist die Bewertung durch mindestens eine der drei weltweit operierenden, staatlich anerkannten Ratingagenturen Standard and Poor's, Moody's und Fitch.[72]

2.2.1.6 Die Risikobewertung der Anleihe (Rating)

Da es für den einzelnen Käufer der ABS-Anleihen nicht oder nur unter unzumutbarem Aufwand möglich wäre, das Ausfallrisiko der dem Wertpapier zugrunde liegenden Kreditforderungen, die Ausgestaltung der einzelnen Tranchen und das Zusammenspiel von Garantieerklärungen, Ausfallversicherungen, eingebundenen Derivaten sowie die Bonität der jeweiligen externen Sicherungsgeber zu bestimmen, sollte diese Aufgabe durch die Ratingagenturen übernommen werden. Nach einer Analyse des Finanzproduktes bekam dieses eine Bewertung, durch welche der Risikogehalt des Wertpapiers ausgedrückt werden sollte.[73] Die Bestnote „AAA" wird für höchste Ausfallsicherheit vergeben und wurde somit oftmals der Senior-Tranche zuerkannt.[74]

Problematisch waren diese Ratings aus mehreren Gründen: Zunächst muss bedacht werden, dass die Ratingagenturen privatwirtschaftliche Unternehmen sind, welche keinerlei rechtliche Verantwortung für die Qualität ihrer Bewertungen übernehmen, son-

---

[68] Ricken, Verbriefung von Krediten und Forderungen in Deutschland, S. 32.

[69] Sinn, Kasino Kapitalismus, S. 169.

[70] Ricken, Verbriefung von Krediten und Forderungen in Deutschland, S. 33.

[71] Kumpan, Journal of Corporate Law Studies 2009, S. 264f; Heidorn/König, Investitionen in CDOs, S. 6; Ricken, Verbriefung von Krediten und Forderungen in Deutschland, S. 32f.

[72] Möllers, JZ 2009, S. 861.

[73] Schröder, Handbuch Kapitalmarktstrafrecht, Rn 1104; Rousseau, Regulating Credit Rating Agencies after the Financial Crisis, S. 7.

[74] Möllers, JZ 2009, S. 867; Ricken, Verbriefung von Krediten und Forderungen in Deutschland, S. 32.

dern diese lediglich als „Meinungen" (*opinions*) deklarieren.[75] Dennoch haben diese Meinungen Gesetzeskraft, da beispielsweise in den USA eine gesetzliche Verpflichtung für Pensionsfonds und ähnliche Einrichtungen besteht, ihr Vermögen nur in Wertpapieren mit AAA-Bewertung anzulegen.[76] Auch in Deutschland ist für Kreditinstitute und Finanzdienstleister ein externes Rating gem. §§ 52ff. Solvabilitätsverordnung vorgesehen. Die Banken, die sich und ihre Produkte von den Agenturen bewerten lassen, zahlen diesen äußerst hohe Honorare für deren Leistungen (*issuer-pays model*). Der dadurch hervorgerufene Interessenkonflikt sowie der Fakt, dass die Agenturen untereinander in einem Wettbewerbsverhältnis stehen, hat in der überwiegenden Literatur und auch in der Rechtsprechung starke Zweifel an der Neutralität der Ratingagenturen aufkommen lassen.[77]

Neben diesem grundsätzlichen Problem war eine annähernd korrekte Bewertung der ABS-Anleihen auch deshalb kaum möglich, weil es aufgrund ihrer Neuartigkeit keine Erfahrungswerte hinsichtlich der Ausfallwahrscheinlichkeit gab. Deshalb bildeten stochastische Modellrechnungen[78] die Grundlage der angenommenen Rückzahlungswahrscheinlichkeit.[79] Diese Rechnungen bezogen sich jedoch auf die Zahlungen der einzelnen Kreditnehmer. Ein Umschwenken der Immobilienpreisentwicklung als solche wurde dagegen im Rahmen der Risikobewertung gar nicht bedacht.[80] Bezüglich der Qualität der den Wertpapieren zugrunde liegenden Kredite verließen sich die Ratingagenturen ohne weitere Prüfung auf die Angaben des Originators – die Bank, welche die Kredite auf den Markt bringen wollte und demnach an einem erstklassigen Rating interessiert war.[81] Hinzu kam, dass die Ratingagenturen oftmals auch schon bei der Entwicklung der später zu bewertenden Finanzprodukte mitgewirkt hatten und die Anleihen somit schon frühzeitig mit Blick auf ein späteres AAA-Rating strukturiert werden konnten.[82] Die späteren Entwicklungen zeigten, dass die Bewertungen der Ratingagenturen die tatsächlichen Konditionen von Finanzprodukten, Banken und Unternehmen nur unzureichend abbilden konnten. So bewertete beispielsweise Standard and Poor's die amerikanische Bank Lehmann Brothers bis zur letzten Woche vor ihrem Untergang noch mit einem A+, was die zweitbeste Note in der Bewertungsskala von S&P darstellt

---

[75] Sinn, Kasino Kapitalismus, S. 178.

[76] Ebenda.

[77] OLG Düsseldorf ZIP 2010, 28 (32); Möllers, JZ 2009, S. 863; Kasiske in Schünemann, Die sogenannte Finanzkrise, S. 26; Kumpan, Journal of Corporate Law Studies 2009, S. 273; Rousseau, Regulating Credit Rating Agencies after the Financial Crisis, S. 25; De Larosière, Report, S. 9; Singer, ZfgK 2008, S.8; Sinn, Kasino Kapitalismus, S. 178ff; Mock/Kappius, Verlauf der Finanzkrise, S. 8.

[78] Ausführliche Darstellung der von Moody's verwendeten Berechnungsmodelle bei Heidorn/König, Investitionen in CDOs, S. 15ff.

[79] Kasiske in Schünemann, Die sogenannte Finanzkrise, S. 25f.

[80] De Larosière, Report, S. 9; Singer, ZfgK 2008, S. 8; Sinn, Kasino Kapitalismus, S. 171.

[81] Schröder, Handbuch Kapitalmarktstrafrecht, Rn 1105.

[82] Möllers, JZ 2009, S. 862.

und für gute Qualität steht.[83] Auch andere Finanzdienstleister und -produkte mussten später in ihrer Bewertung gleich um mehrere Stufen herab korrigiert werden.[84]

2.2.1.7 Die Weiterverbriefung der ABS-Anleihen in CDOs

Im Hinblick auf den Wunsch der Banken nach möglichst vielen AAA-Papieren kam es zu einem weiteren Verfahren. Oftmals wurden mehrere MBS-Anleihen aus niedrigeren Mezzanine-Tranchen (BBB-Bewertung für mittlere Qualität) zu einem neuen Anleihenportfolio zusammengefasst. Einem solchen wurden zusätzliche Mezzanine-Tranchen anderer ABS-Bereiche (aus Kreditkartenforderungen, Autodarlehen o.ä.) beigemischt. Letztlich wurde das entstandene Portfolio wieder einer Rangordnung unterworfen und durch eine Ratingagentur bewertet. Hierbei entstanden innerhalb des neuen Portfolios erneut „hochwertige" AAA-Senior-Tranchen.[85] Die so entstandenen Produkte bezeichnete man als CDOs der zweiten Generation bzw. CDO²-Papiere.[86] Dass zuvor risikoreiche Anleihen im Zuge einer erneuten Tranchen-Strukturierung plötzlich risikolose Anleihen hervorbrachten, ist weniger auf einen offenen Betrug zurückzuführen als vielmehr auf eine Ratingmethode, welche die Gesamtbetrachtung außer Acht lässt. Die Risikobewertungen der einzelnen CDO²-Papiere anhand der stochastischen Methoden waren in sich logisch und nachvollziehbar, jedoch waren sie empirisch falsch, da sie auf der optimistischen Annahme unabhängiger Risiken basierten und somit ein Gesamtversagen des Marktes (im Rahmen voneinander abhängiger Risiken) ausklammerten.[87]

Die erstklassig bewerteten Senior-Tranchen der CDO²-Papiere wurden zumeist an den Endkunden verkauft. Die Käufer der CDO²-Mezzanine-Tranchen fügten diese erneut mit anderen niederrangigen MBS- und ABS-Papieren zusammen, strukturierten sie nach dem Wasserfallprinzip und ließen ein Rating erstellen, welches wiederum AAA-Tranchen der nun entstandenen CDO³-Papiere hervorbrachte. Diese Kette konnte beliebig fortgesetzt werden. CDOs der sechsten Generation waren nicht unüblich, wobei sogar CDOs im Umlauf gewesen sein sollen, welche 24 und mehr Verbriefungsstufen hinter sich hatten.[88]

Die Folgen dieser Praxis waren, dass Papiere, die ursprünglich ein erhöhtes Ausfallrisiko innehatten, nun mit Bestnoten versehen waren. Zudem bewirkten die mehrmals hintereinander anfallenden Verbriefungskosten eine weitere erhebliche Wertminderung der

---

[83] Sinn, Kasino Kapitalismus, 180f.
[84] Möllers, JZ 2009, S. 862; Schröder in Bannenberg, Wirtschaftskriminalität, S. 246.
[85] Möllers, JZ 2009, S. 867.
[86] Sinn, Kasino Kapitalismus, S. 171.
[87] Sinn, Kasino Kapitalismus, S. 186, Anmerkung 9.
[88] Sinn, Kasino Kapitalismus, S. 171f.

ohnehin nur unzureichend durch die Grundstücke gesicherten Kreditforderungen.[89] Letztlich wurde auch der Abstand der Endprodukte zur ursprünglichen Kreditforderung immer größer und keiner der professionellen Marktteilnehmer war mehr in der Lage, die Kaskade unzähliger ineinander verschachtelter Ansprüche zu verstehen.[90]

2.2.2 Die Weiterverbriefung der ABS-Anleihen in ABCP-Programmen

Asset-backed securities im weiteren Sinne lassen sich hinsichtlich ihrer Laufzeit in lang- und kurzfristige Wertpapiere einteilen. Die bisher vorgestellten ABS-Anleihen zeichnen sich dadurch aus, dass es sich bei ihnen um langfristige Wertpapiere handelt, durch welche der Ankauf einer langfristigen Forderung (z.B. Kreditforderung) finanziert wird (Fristenkongruenz). Ein solches Programm wird als Term-Transaktion bezeichnet.[91] Jedoch kam auch den kurzfristigen Programmen in der Finanzmarktkrise – vor allem aus deutscher Sicht – eine entscheidende Rolle zu. Die größte Bedeutung haben hierbei die sogenannten ABCP-Programme.

2.2.2.1 Definition der ABCP-Programme

Die Abkürzung ABCP steht für *Asset-Backed Commercial Papers*, was als forderungs- unterlegte kurzfristige Schuldverschreibungen übersetzt werden kann.[92] Hierbei werden, ebenso wie bei den bereits beschriebenen ABS-Anleihen, langfristige Programme finan- ziert (z.B. Ankauf einer Kreditforderung). Die angekauften Forderungen dienen als ab- sichernde Vermögenswerte (*Asset-Backed*) für die – und hier liegt der wesentliche Un- terschied – kurzlaufenden Wertpapiere (*Commercial Papers*), welche zur Kapitalbe- schaffung ausgegeben werden.[93]

2.2.2.2 Grundstruktur der ABCP-Programme

Zentrales Element eines ABCP-Programms ist, wie bei der traditionellen Kreditverbrie- fung, eine Zweckgesellschaft. Jedoch wird diese nicht zum Zwecke einer einmaligen Transaktion geschaffen, sondern ist auf Dauer angelegt, weshalb sie als *Conduit* (Lei- tung, Röhre) bezeichnet wird.[94]

---

[89] Schünemann in Schünemann, Die sogenannte Finanzkrise, S. 77.
[90] Sinn, Kasino Kapitalismus, S. 173.
[91] Ricken, Verbriefung von Krediten und Forderungen in Deutschland, S. 39f.
[92] Boulkap/Marxfeld/Wagner, IRZ 2008, S. 498.
[93] Schröder, Handbuch Kapitalmarktstrafrecht, Rn 1109.
[94] Ricken, Verbriefung von Krediten und Forderungen in Deutschland, S. 53f.

Gegründet wird das Conduit von einem sogenannten *Sponsor*. Dies ist zumeist eine Bank, welche das Programm auflegt und unterhält sowie oftmals auch die Funktion des Verwalters (*administrative agent*) übernimmt, indem sie für die Emission der Wertpapiere sowie die Auswahl und den Ankauf der Forderungen zuständig ist. Auch im Rahmen der ABCP-Programme ist die Zweckgesellschaft (Conduit) so ausgestaltet, dass sie rechtlich unabhängig von allen beteiligten Parteien ist und nur mit einer äußerst geringen Mindesteinlage kapitalisiert wird.[95]

Aufgabe des Conduits ist der Ankauf von Forderungen oder Wertpapieren, welche über die Dauer ihrer gesamten Laufzeit gehalten werden, sodass dem Conduit der daraus entspringende Zahlungsstrom zusteht. Der Gewinn wird aus einer Marge generiert, welche bei zinslosen Forderungen aus einem sogenannten Disagio (Abschlag auf die angekaufte Forderung) resultiert.[96] Die Forderungen werden entweder direkt von einem Originator oder einer – dem Conduit vorgelagerten – eigens dafür gegründeten Ankaufszweckgesellschaft (*Purchaser-SPV*) auf das Conduit übertragen.[97] Das Kapital für den Ankauf solcher Forderungen und Wertpapiere erhält das Conduit durch die regelmäßige Emission der Commercial Papers. Dies sind kurzfristige Geldmarktpapiere, die zwischen institutionellen Investoren gehandelt werden und eine Laufzeit von wenigen Wochen bis zu 180 Tagen haben.[98] Aus den angekauften langfristigen Vermögensgegenständen werden somit erneut, durch diese Vermögensgegenstände unterlegte, Wertpapiere (die *Commercial Papers*) geschaffen, die jedoch bedeutend kürzere Laufzeiten haben. Um die langfristigen Investitionen in die angekauften Forderungen zu decken, müssen die nach kurzer Zeit auslaufenden Commercial Papers mit frischem Kapital aus der Emission neuer Commercial Papers getilgt werden, wodurch diese Transaktionsform ihren revolvierenden Charakter erhält.[99]

2.2.2.3 Fristentransformation

Ursprünglich wurden ABCP-Programme genutzt, um kurzfristige Handelsforderungen anzukaufen, was bedeutet, dass es auch hierbei eine Fristenkongruenz gab, da kurzfristige Programme durch die Ausgabe kurzfristiger Wertpapiere finanziert wurden. Jedoch erhielt das Modell zunehmend Einzug in die Verbriefung langfristiger Vermögenswerte (Kredite, ABS-Anleihen), wodurch es zu einer Fristeninkongruenz kam, da nun langfristige Anleihen durch die revolvierende Emission kurzlaufender Wertpapiere (ABCP)

---

[95] Ricken, Verbriefung von Krediten und Forderungen in Deutschland, S. 54.

[96] Schröder, Handbuch Kapitalmarktstrafrecht, Rn 1108.

[97] Boulkap/Marxfeld/Wagner, IRZ 2008, S. 498; Ricken, Verbriefung von Krediten und Forderungen in Deutschland, S. 53f.

[98] Ricken, Verbriefung von Krediten und Forderungen in Deutschland, S. 54.

[99] Schröder, NJW 2010, S. 1170.

gedeckt werden mussten (s.o.).[100] Hierbei ergaben sich neue Ertragschancen im Rahmen der sogenannten Fristentransformation (auch als „*carry-trades*"[101] oder Laufzeitarbitrage[102] bezeichnet). Als Fristentransformation bezeichnet man die Aufnahme kurzlaufender, niedrig zu verzinsender Gelder, welche gegen ein länger laufendes Zinsversprechen angelegt werden.[103] Hierdurch werden die am Kapitalmarkt vorzufindenden Zinsdifferenzen ausgenutzt. Anlagen mit kürzerer Laufzeit werden regelmäßig geringer verzinst als Anlagen mit längerer Laufzeit, da der Käufer längerfristiger Anleihen das Risiko einer zwischenzeitlichen Zinssteigerung trägt, durch welche die Anleihe unattraktiv werden würde. Dieses Zins- und Renditegefälle wird im Rahmen der Fristentransformation genutzt, indem das aufgenommene Kapital durch seine kurze Laufzeit nur niedrig zu verzinsen ist, dieses „billige" Geld jedoch langfristig in vergleichsweise hochverzinsliche Wertpapiere angelegt wird. Den Gewinn für das ausführende Conduit bildet die Zinsdifferenz, die auch als Zinsmarge bezeichnet wird.[104] Diese Form der Gewinnschöpfung ist jedoch aus mehreren Gründen hochspekulativ, da sie nur solange funktioniert, wie die kurzfristigen Marktzinsen niedriger sind als die Zinsen der erworbenen langfristigen Anleihen. Zudem muss es immer wieder genügend neue Käufer der ABCP geben, um durch diese Verkäufe die auslaufenden alten ABCP zu tilgen. Hinzu kommt, dass der Kapitalfluss aus den langfristigen Forderungen, welche als Sicherheit für die ABCP dienen, stabil bleiben muss.[105]

2.2.2.4 Die Garantieerklärungen der Banken

Die geschilderten Risiken des ABCP-Programmes schlagen teilweise auch auf die Commercial Papers durch, weshalb diese vom Käufer getragen werden müssten. Beispielsweise könnte es dem Conduit unmöglich werden, die fälligen ABCP zu tilgen, wenn es nicht genügend neue Käufer für diese Papiere gibt und dem Conduit demnach kein frisches Kapital zufließt, welches es an die Inhaber der fälligen Papiere weiterreichen kann. Diese, in der Regel kurzfristigen, Liquiditätsengpässe würden die ABCP unattraktiv machen, weshalb umfassende Liquiditätslinien (ähnlich einer Garantieerklärung) von Banken mit erstklassiger kurzfristiger Bonität bereitgestellt werden. Durch diese wird es dem Conduit ermöglicht, auch im Falle temporärer Engpässe seinen Zahlungsverpflichtungen nachzukommen. Die Liquiditätslinien decken im Regelfall das

---

[100] Ricken, Verbriefung von Krediten und Forderungen in Deutschland, S. 40f.

[101] Kasiske in Schünemann, Die sogenannte Finanzkrise, S. 20.

[102] IKB Geschäftsbericht 07/08, S. 45.

[103] Schröder in Bannenberg, Wirtschaftskriminalität, S. 248.

[104] Schünemann in Schünemann, Die sogenannte Finanzkrise, S. 78; Schröder, ZBB 2010, S. 286.

[105] Schröder, Handbuch Kapitalmarktstrafrecht, Rn 1122ff.

gesamte ausstehende Emissionsvolumen der Conduits ab.[106] Die Bank, die die Liquiditätslinien zur Verfügung stellt, ist in der Regel die gleiche Bank, welche das Conduit auch ins Leben gerufen hat – mithin der zuvor bereits erwähnte Sponsor, wodurch sich dessen Bezeichnung auch erklärt.[107]

Diese garantieähnlichen Liquiditätslinien führten im Vorfeld der Finanzmarktkrise dazu, dass die unbekannten und unterkapitalisierten Conduits sowie deren ABCP am Markt großes Vertrauen genossen, da trotz des riskanten Geschäftsmodells ein Kapitalverlust für die Käufer der Commercial Papers nahezu ausgeschlossen war.[108] Aus diesem Grund bekamen die ABCP-Programme durch die Ratingagenturen auch erstklassige Bewertungen[109], was nicht nur notwendig war, um überhaupt die Nachfrage nach diesen Wertpapieren aufrecht zu erhalten, sondern vor allem, um fortwährend Kapital zu günstigen Konditionen aufnehmen zu können, da Schuldner mit schlechterem Rating erheblich höhere Zinsen für ihre Kredite zahlen müssen, was eine Fristentransformation unrentabel werden lässt.[110]

Die Banken, welche als Gründer und Sponsor der formal eigenständigen Conduits auftreten, schöpfen als Gegenleistung für die Bereitstellung der Liquiditätslinien die durch die Fristentransformation erzielten Erträge ähnlich einer verdeckten Gewinnausschüttung in Form von Beratungshonoraren ab.[111]

2.3 Die Beteiligung der deutschen Banken

Dem Beispiel der großen US-amerikanischen Investmentbanken folgend, beteiligten sich auch deutsche Banken in großem Umfang an den Kreditverbriefungsgeschäften, wodurch auch sie im Zuge der späteren Krise erhebliche Verluste verbuchten und teilweise in den wirtschaftlichen Ruin getrieben wurden.[112] Nachfolgend sollen das Engagement der deutschen Banken und die Gründe für deren erhebliche Verluste dargestellt werden. Zur besseren Veranschaulichung wird deren Vorgehen vorwiegend exemplarisch anhand des Geschäftsmodells der IKB Deutsche Industriebank AG, welche sich im Sommer 2007 angesichts der krisenhaften Entwicklungen in ihrer Existenz bedroht sah,[113] aufgezeigt.[114] Ähnliche Geschäftsmodelle wie das der IKB bildeten auch die

---

[106] Boulkap/Marxfeld/Wagner, IRZ 2008, S. 500; Ricken, Verbriefung von Krediten und Forderungen in Deutschland, S. 40f.

[107] Ricken, Verbriefung von Krediten und Forderungen in Deutschland, S. 56.

[108] Schröder in Bannenberg, Wirtschaftskriminalität, S. 249.

[109] Ebenda.

[110] Schröder, Handbuch Kapitalmarktstrafrecht, Rn. 1129.

[111] Ricken, Verbriefung von Krediten und Forderungen in Deutschland, S. 110.

[112] Sinn, Kasino Kapitalismus, S. 84.

[113] IKB 9-Monatsbericht 07/08, S. 7.

Grundlage der Krisen diverser Landesbanken, wie der Bayerischen Landesbank (Bay-ernLB), der Westdeutschen Landesbank (WestLB), der Hessischen Landesbank (Hela-ba), der Landesbank des Freistaates Sachsen (Sachsen LB) oder der HSH-Nordbank. Hinsichtlich des angewandten riskanten Finanzierungsmodells gilt dies auch für den Fall der HypoRealEstate.[115]

2.3.1 Die Motivation der Landesbanken

Zunächst soll jedoch kurz aufgezeigt werden, weshalb so viele Landesbanken von den Folgen der Finanzmarktkrise getroffen wurden.

Ein Hauptgrund kann in der Vereinbarung gesehen werden, die Vertreter der Europäi-schen Kommission und der Bundesrepublik Deutschland am 17. Juli 2001 schlossen.[116] Diese sah eine Abschaffung der sogenannten Gewährträgerhaftung vor.[117] Nach der Gewährträgerhaftung hatten die Gläubiger der deutschen Sparkassen und Landesbanken einen Rückzahlungsanspruch gegen deren Träger (Kommunen oder Bundesländer), wenn eine Befriedigung aus deren Eigenvermögen nicht möglich war (Bsp.: § 3 Abs. 1 SächsSparkG a.F.). Diese Sicherheit sorgte bei den Landesbanken für erstklassige Ra-tings, weshalb sie sich am Kapitalmarkt äußerst günstig refinanzieren konnten. Die so aufgenommenen Gelder wurden weltweit angelegt und generierten hohe Profite, welche die Landesbanken im Vergleich zu privaten Banken zu einem viel größeren Teil wieder investierten.[118] Der dadurch entstandene erhebliche Wettbewerbsvorteil sollte durch die Abschaffung der Gewährträgerhaftung wegfallen. Die Einigung sah jedoch eine Über-gangszeit bis 2005 vor, in der jede eingegangene Verbindlichkeit mit einer Laufzeit bis maximal 2015 noch von der Gewährträgerhaftung gedeckt ist.[119] Diese Zeitspanne wur-de von den Landesbanken genutzt, um noch so viel Kapital wie möglich zu günstigen Konditionen aufzunehmen und möglichst ertragreich anzulegen. Hierbei griffen sie auf-grund der Nachwirkungsfrist der Gewährträgerhaftung zum Teil auch auf extrem riskan-te Geschäftsmodelle zurück.[120]

---

[114] Die in diesem Zusammenhang folgenden Ausführungen und verwendeten Zahlen beziehen sich zu großen Teilen auf die IKB-Geschäftsberichte 2006/07 und 2007/08 sowie auf den geänderten IKB-Geschäftsbericht 2006/07, welcher von der IKB im Zuge einer nachträglichen Neubewertung unter Berücksichtigung des Erkenntnisstandes nach Ausbruch der Krise angefertigt wurde, IKB Geänderter Geschäftsbericht 06/07, S. 4.

[115] Kasiske in Schünemann, Die sogenannte Finanzkrise, S. 14; Sinn, Kasino Kapitalismus, S. 84f.

[116] Sinn, Kasino Kapitalismus, S. 86.

[117] EU/BRD, Verständigung über Anstaltslast und Gewährträgerhaftung, S. 1.

[118] Sinn, Kasino Kapitalismus, S. 86.

[119] EU/BRD, Verständigung über Anstaltslast und Gewährträgerhaftung, S. 2.

[120] Sachverständigenrat 07/08, S. 129f.; Sächsischer Rechnungshof, Sonderbericht 2009, S. 46; Sinn, Kasino Kapitalismus, S. 86.

2.3.2 Das deutsche Geschäftsmodell

Die Düsseldorfer IKB Deutsche Industriebank AG, an welcher die staatliche KfW-Bankengruppe (Kreditanstalt für Wiederaufbau) die Mehrheitsbeteiligung hatte, war ursprünglich ein Kreditinstitut mittlerer Größe (Bilanzsumme ca. 60 Mrd. Euro).[121] Sie war deutscher Marktführer im Bereich der mittel- und langfristigen Finanzierung mittelständischer Unternehmen und konnte hierbei auf eine über 80-jährige Erfahrung zurückblicken. Sinkende Erträge im klassischen Finanzierungsgeschäft führten dazu, dass sich die Bank zunehmend auch alternativen Geschäftsfeldern wie „Strukturierte Finanzierung" und „Verbriefung" näherte. Im Jahr 2002 initiierte die IKB die Gründung des ABCP-Conduits „Rhineland Funding Capital Corporation LLC, Delaware" („RFCC") sowie diverser Ankaufsgesellschaften (*Purchaser-SPV*) mit Sitz in Jersey und Delaware.[122] Die „Rhineland Funding" war, wie es für ein Conduit üblich ist, rechtlich selbstständig. Da die IKB keine Anteile an dem Conduit hielt, galt es gesellschaftsrechtlich nicht als Tochtergesellschaft (§ 290 HGB) und musste demnach auch nicht nach § 301 HGB in der IKB-Bilanz konsolidiert werden. Formal bestand auch keine Weisungsbefugnis der IKB gegenüber der „Rhineland Funding", jedoch setzte sich die Geschäftsführung des Conduit hauptsächlich aus ehemaligen IKB-Managern zusammen, welche nicht eigenständig, sondern nur in Abstimmung mit der faktischen Muttergesellschaft IKB am Markt agierten.[123] Auch andere deutsche Banken, darunter viele Landesbanken, veranlassten die Gründung ähnlich ausgestalteter Conduits, so beispielsweise die Sachsen LB, deren Zweckgesellschaft die sogenannte „Ormond Quay" mit Sitz in Dublin war.[124] Dass der Sitz dieser rechtlich unabhängigen Conduits im Ausland gelagert war, hatte nicht nur steuerrechtliche Gründe, sondern sollte in erster Linie bewirken, dass das Conduit nicht dem deutschen Bankenaufsichtsrecht unterlag.[125] Insbesondere sind hier die vergleichsweise strengen Vorgaben zur Risikokontrolle und -vorsorge gem. § 10 KWG zu nennen. Da die Bundesanstalt für die Finanzdienstleistungsaufsicht (BaFin) keinen Zugriff auf die außerhalb der Bilanzen der von ihnen überwachten Kreditinstitute stehenden Conduits hatte, bildeten diese ein System von „Schattenbanken", die ihre Finanzgeschäfte außerhalb des Regulierungsrahmens des deutschen Bankenrechts tätigen konnten.[126]

---

[121] Ricken, Verbriefung von Krediten und Forderungen in Deutschland, S. 108; Kasiske in Schünemann, Die sogenannte Finanzkrise, S. 14; Sinn, Kasino Kapitalismus, S. 87.

[122] IKB Geänderter Geschäftsbericht 06/07, S. 16.

[123] Kasiske in Schünemann, Die sogenannte Finanzkrise, S. 14.

[124] Schröder in Bannenberg, Wirtschaftskriminalität, S. 249.

[125] Kasiske in Schünemann, Die sogenannte Finanzkrise, S. 14f.

[126] Ebenda; BaFin Jahresbericht 07, S. 19; Schünemann in Schünemann, Die sogenannte Finanzkrise, S. 78.

Die Conduits der deutschen Banken kauften im Rahmen der bereits erläuterten ABCP-Programme langfristige Vermögenswerte und finanzierten diese revolvierend über die Emission von kurzlaufenden Commercial Papers, wodurch im Zuge der Fristentransformation erhebliche Gewinne erzielt wurden. Da der Ertrag bei der Fristentransformation in der Zinsdifferenz liegt, wächst er mit der Höhe der Zinsen auf die langfristigen Investitionen. Aus diesem Grund engagierten sich die deutschen Banken mit ihren Conduits zunehmend auf dem US-amerikanischen Hypothekenmarkt. Hierbei kauften die Zweckgesellschaften in der Regel keine originären Kreditforderungen, sondern investierten in die bereits beschriebenen ABS-Anleihen – genauer in die *Residential Mortgage-Backed Securities* (RMBS), die verbrieften hypothekengesicherten Privatkredite, da diese regelmäßig hohe Zinsen boten.[127] Zusätzlich wurden auch die aus den RMBS-Anleihen konstruierten CDOs in enormem Umfang gekauft. Da die Conduits nicht dem deutschen Bankenrecht unterstanden, mussten die Investitionen weder mit Eigenkapital unterlegt noch mussten sonstige Risikovorsorgemaßnahmen getroffen werden.[128] Aufgrund der völligen Unterkapitalisierung der Zweckgesellschaften (das Eigenkapital der „Rhineland Funding" betrug beispielsweise nur 500 US-Dollar[129]) waren die Investitionen zu fast 100% über Commercial Papers fremdfinanziert.

Da der Ertrag aus dem Konzept der Fristentransformation zusätzlich mit der Höhe des fremdfinanzierten Anlagevolumens steigt und die Investitionen nicht mit Eigenkapital zu unterlegen waren, wurde das Geschäft mit RMBS-Anleihen und CDOs in einem enormen Umfang betrieben. Neben der Deutschen Bank kauften insbesondere die Landesbanken die genannten Produkte über ihre Zweckgesellschaften. Die Investitionen der Conduits der Sachsen LB betrugen beispielsweise 20 Mrd. Euro, die der WestLB 25 Mrd. Euro, die der BayernLB 30 Mrd. Euro und die der IKB über 12,7 Mrd. Euro.[130]

Damit die Conduits ihre Investitionen regelmäßig durch die Emission neuer ABCP refinanzieren konnten, mussten ständig neue Abnehmer dieser Wertpapiere zur Verfügung stehen, welche den Zweckgesellschaften auch Vertrauen entgegenbrachten. Um dies zu gewährleisten, stellten die als Sponsor auftretenden Banken erhebliche Liquiditätslinien bereit und standen somit umfänglich für die Verbindlichkeiten der Conduits ein.[131] Die IKB stellte der „Rhineland Funding" im Jahr 2007 beispielsweise Liquiditätslinien in

---

[127] Schröder in Bannenberg, Wirtschaftskriminalität, S. 250.
[128] BaFin, Jahresbericht 07, S. 19; Kasiske in Schünemann, Die sogenannte Finanzkrise, S. 20.
[129] Kasiske in Schünemann, Die sogenannte Finanzkrise, S. 14.
[130] Schünemann in Schünemann, Die sogenannte Finanzkrise, S. 77; IKB Geänderter Geschäftsbericht 06/07, S. 16.
[131] BaFin, Jahresbericht 07, S. 19; Schröder, Handbuch Kapitalmarktstrafrecht, Rn 1129.

Höhe von 11,9 Mrd. Euro zur Verfügung.[132] Dies war fast ein Viertel der gesamten Bilanzsumme, welche zu diesem Zeitpunkt 52 Mrd. Euro betrug.[133]

Zu den Liquiditätslinien heißt es im IKB-Geschäftsbericht 2006/07:

*„In dem Posten Andere Verpflichtungen sind Kreditzusagen über insgesamt 11,9 Mrd. €
(Vorjahr: 11,2 Mrd. €) Gegenwert an Spezialgesellschaften enthalten, die nur im Falle
von kurzfristigen Liquiditätsengpässen bzw. vertraglich definierten Kreditausfallereignissen von diesen in Anspruch genommen werden können.“*[134]

Anhand des darauf folgenden Abschnitts wird deutlich, dass die Bank eine vollständige Inanspruchnahme der Liquiditätslinien für nahezu ausgeschlossen hielt:

*„Die dargestellten Zahlen reflektieren die Beträge, die im Falle der vollständigen Ausnutzung der Fazilitäten durch den Kunden ausgezahlt werden müssten. Der weitaus
größte Teil dieser Verpflichtungen verfällt möglicherweise, ohne in Anspruch genommen zu werden. Die Zahlen sind nicht repräsentativ für das tatsächliche künftige Kreditengagement oder aus diesen Verpflichtungen erwachsende Liquiditätserfordernisse.“*[135]

Aus dem Geschäftsbericht ergibt sich, dass die Liquiditätszusagen immer nur für Zeiträume unter einem Jahr gegeben wurden.[136] Jedoch wurden sie regelmäßig erneuert. Andere Banken gingen ebenfalls nach diesem Muster vor. Der Grund für dieses Vorgehen war, dass dadurch die Liquiditätslinien weder in den Bilanzen konsolidiert noch auf die Eigenkapitalausstattung nach Basel I angerechnet werden mussten.[137]

Das System funktionierte über mehrere Jahre sehr gut und die Conduits erwirtschafteten durch die Fristentransformation erhebliche Gewinne, welche den als Sponsor auftretenden Banken in Form von Beraterhonoraren zuflossen. So vermeldete die IKB in ihrem Geschäftsbericht 2006/07:

„Eine erfreuliche Erhöhung um 19,2 % auf 108 Mio. € ergibt sich auch für den Provisionsüberschuss. Die eine Hälfte dieses Überschusses stammt aus Strukturierungsgebüh-

---

[132] IKB Geschäftsbericht 06/07, S. 198.

[133] IKB Geschäftsbericht 06/07, S. 147.

[134] IKB Geschäftsbericht 06/07, S. 198.

[135] IKB Geschäftsbericht 06/07, S. 199; Ricken, Verbriefung von Krediten und Forderungen in Deutschland, S. 112f.

[136] IKB Geschäftsbericht 06/07, S. 198.

[137] Schünemann in Schünemann, Die sogenannte Finanzkrise, S. 78.

ren sowie Provisionen der Geschäftsfelder Firmenkunden, Immobilienkunden und Strukturierte Finanzierung, die andere Hälfte resultiert im Segment Verbriefungen aus Beratungsgebühren des Conduits Rhineland Funding."[138]

Aufgrund des starken Wachstums der „Rhineland Funding" wurden dieser im Jahr 2007 auch Liquiditätslinien durch andere Banken in Höhe von insgesamt 6,5 Mrd. Euro bereitgestellt. In diesem Zusammenhang initiierte die IKB die Gründung zweier weiterer Zweckgesellschaften – „Havenrock I" und „Havenrock II", welche 25% des Liquiditätsrisikos dieser Banken und deren gesamtes Kreditrisiko absicherten. „Havenrock I und II" wurden wiederum durch Liquiditätslinien der IKB abgesichert.[139] Im Juli 2007, kurz vor Ausbruch der Krise, nahm eine weitere Zweckgesellschaft der IKB, namens „Rhinebridge", ihre Arbeit auf und kaufte ein Portfolio, welches zum überwiegenden Teil ebenfalls durch die Emission von Commercial Papers (in Höhe von 2,2 Mrd. US-Dollar) finanziert wurde.[140] Von den zugrunde liegenden Assets waren noch zum 30. Juni 2007 82% mit AAA, 14% mit AA und 4% mit A geratet.[141]

Der damalige Aufsichtsrat der IKB beauftragte nach dem späteren Zusammenbruch der Bank die Wirtschaftsprüfergesellschaft Pricewaterhouse-Coopers (PwC) mit der Erstellung eines Sonderprüfberichts, welcher nicht veröffentlicht wurde, jedoch der Süddeutschen Zeitung nach einem Artikel vom 25. März 2009 vorliegt[142] und auch einem späteren Beschluss des OLG Düsseldorf[143] zugrunde lag. Aus dem Bericht geht hervor, dass der IKB-Vorstand das Management der *on-balance* Portfolio-Investments sowie der außerhalb der Bilanzen laufenden Investments zu einem überwiegenden Teil an die IKB Tochtergesellschaft IKB Credit Asset Management GmbH (CAM) ausgelagert hatte.[144] Im März 2007 hatte die CAM mit einem Eigenkapital von 8 Mio. Euro Investments in Höhe von 17,9 Mrd. Euro zu betreuen, wobei aufgrund hoher Arbeitsbelastung bestimmte Vorlagen nicht fristgerecht oder gar nicht erstellt werden konnten.[145] Zudem hatte die CAM bis Februar 2007 nur einen Geschäftsführer, was von PwC als „nicht angemessen"[146] bezeichnet wurde. Durch die Auslagerung sei der IKB-Vorstand zudem nicht mehr operativ in die Entscheidungsprozesse hinsichtlich einzelner Engagements

---

[138] IKB Geschäftsbericht 06/07, S. 66.
[139] IKB Geänderter Geschäftsbericht 06/07, S. 17.
[140] Ebenda.
[141] Ebenda.
[142] Süddeutsche Zeitung v. 25.3.2009.
[143] OLG Düsseldorf ZIP 2010, 28 (33).
[144] Süddeutsche Zeitung v. 25.3.2009.
[145] Ebenda.
[146] Ebenda.

eingebunden gewesen, was PwC mit Blick auf „Art, Umfang, Komplexität und Risikogehalt der Geschäfte nicht für sachgerecht"[147] hielt.

2.4 Der Zusammenbruch des Systems

Im Rahmen einer Gesamtschau kann das bisher aufgezeigte System wie folgt zusammengefasst werden: Die Banken in den USA waren gesetzlich verpflichtet, auch boni-
tätsschwachen Bürgern einen Immobilienkredit zu ermöglichen. Aufgrund der attraktiven Kreditmodelle, den niedrigen Leitzinsen und der nicht vorhandenen Durchgriffshaftung für die Kreditnehmer gab es ein reges Interesse, vor allem der finanzschwachen
Bevölkerung, am für sie nahezu risikolosen Immobilienerwerb. Dies führte zu einem
enormen Wachstum auf dem Immobilienmarkt mit entsprechend steigender Preisentwicklung. Um sich von den Kreditrisiken zu trennen, griffen die US-amerikanischen
Banken auf das Instrument der Kreditverbriefung zurück, wodurch eine Vielzahl von
ABS-Anleihen (insbesondere RMBS) und CDOs in Umlauf kamen, welche mit den
Forderungen aus den vergebenen Krediten unterlegt waren. Durch mehrmalige Weiterverbriefung und die Anwendung verschiedener Ausfallsicherungen wurden die Finanzprodukte immer komplexer und deren qualitative Bewertung auch für institutionelle
Finanzmarktteilnehmer unmöglich. Die Bewertungen der Ratingagenturen litten an
schwerwiegenden methodischen Fehlern und fehlender Überprüfung und stellten sich
im Nachhinein als viel zu optimistisch dar. Die zunächst vielversprechend anmutenden
Anleihen wurden von Finanzdienstleistern und Investmentbanken auf der ganzen Welt
gekauft. Auch deutsche Banken kauften die Papiere auf eigene Rechnung und vor allem
auch über ihre Conduits, welche den Ankauf über die Ausgabe kurzlaufender ABCP
finanzierten, um Erträge im Zuge der Fristentransformation zu erwirtschaften. Die
ABCP waren mit den ABS und CDOs unterlegt und mussten nach kurzer Zeit durch
neue ABCP ersetzt werden. Um das Vertrauen in die Conduits und die ABCP zu stärken, gewährten ihnen die als Sponsor auftretenden Banken umfangreiche Liquiditätslinien, welche in der Regel das gesamte Anlagevolumen der Conduits abdeckten.

Das System funktionierte mehrere Jahre sehr gut und es wurden auf allen Ebenen – bei
den Immobilienmaklern, den kreditgebenden Banken (Originator), den verbriefenden
Banken (Arranger, Sponsor), den Ratingagenturen, den Rechtsanwälten und Wirtschaftsprüfern – sehr große Gewinne generiert, weshalb das geschaffene System unfä-
hig war, sich selbst zu stoppen.[148] Es gab eine so starke Nachfrage nach verbrieften Pri-
vat-Hypothekenkrediten, dass es zeitweilig zu einer Verknappung der dafür notwendi-

---

[147] Ebenda.
[148] Schröder, Kapitalmarktstrafrecht, Rn 1132.

gen Kredite kam[149], weshalb sich bei den kreditgebenden Banken zunehmend das „*originate to distribute*"-Modell etablierte. Dies bedeutet, dass Kredite nicht mehr mit dem Vorsatz vergeben wurden, diese in den eigenen Büchern zu halten (traditionelles *buy and hold*-Modell), sondern rein aus dem Zweck, durch die Weitergabe und Verbriefung Gewinne zu erzielen.[150] Dies führte zum einen dazu, dass nahezu keinerlei Bonitätsprüfung bei der, für die Banken risikolosen, Kreditvergabe mehr durchgeführt wurde – Hypotheken nichterstklassiger Qualität waren die Folge (*subprime mortgages*). Zum anderen wurde durch das „*originate to distribute*"-Modell eine Kreditexpansion in der vorgefundenen Größenordnung erst möglich, da es für die vergebenden US-amerikanischen Banken nicht mehr die natürliche Grenze des Eigenkapitals gab.[151] Sie bekamen durch den Verkauf der verbrieften, minderwertigen Kreditforderungen fortlaufend neues Kapital aus dem Ausland – vor allem aus Deutschland, weshalb bei einigen US-Finanzmarktakteuren deutsche Kapitalgeber bereits als „*silly money*" eingestuft wurden.[152] Wegen der hohen Renditeaussichten wurden die Anleihen jedoch nicht nur von den Conduits, sondern zum Teil auch von den Banken selbst gekauft (beispielsweise die IKB investierte selbst 7 Mrd. Euro in Kreditportfolios[153]).

Das unüberschaubare System der verbrieften Kreditforderungen hatte weltweit ein gigantisches Ausmaß erreicht (das Marktvolumen der CDO-Papiere betrug im Jahr 2007 fast 2,4 Billionen Dollar[154]) und war unisono an die Preisentwicklung des US-Immobilienmarktes gekoppelt.[155] Die auf den verschiedenen Stufen zur Anwendung gekommenen Absicherungsgeschäfte wurden ebenfalls verbrieft und weltweit als *Credit Default Swaps* (CDS) gehandelt. Ihr Gesamtvolumen belief sich im Jahr 2008 auf insgesamt 60 Billionen Dollar, was mehr als das Bruttosozialprodukt der gesamten Welt ist.[156]

Die Wende setzte mit dem Platzen der US-Immobilienblase infolge der Leitzinserhöhung ein (siehe 2.1.4). Durch die gestiegenen Zinsen war es zum einen vielen Hypothekenschuldnern nicht mehr möglich, ihre Tilgungsraten zu bezahlen. Zum anderen konnten sich die Banken nicht mehr so günstig wie zuvor refinanzieren. Die Kreditausfälle trafen zunächst viele amerikanische Hypothekenbanken, welche aufgrund vertraglicher Vereinbarungen gezwungen waren, die ausgelagerten Kredite wieder von den Investmentbanken zurückzunehmen. Durch die damit verbundene Überforderung wurden vie-

---

[149] Kasiske in Schünemann, Die sogenannte Finanzkrise, S. 18.

[150] De Larosière, Report, S. 9; Sachverständigenrat 08/09, S. 120.

[151] Sachverständigenrat 08/09, S. 120.

[152] Singer, ZfgK 2008, S. 51.

[153] IKB Geschäftsbericht 06/07, S. 69.

[154] Sinn, Kasino Kapitalismus, S. 174f.

[155] Mock/Kappius, Verlauf der Finanzkrise, S. 7.

[156] Schünemann in Schünemann, Die sogenannte Finanzkrise, S. 79.

le dieser Banken zahlungsunfähig oder von anderen Banken übernommen.[157] Die schlechten Meldungen vom US-Immobilienmarkt führten dazu, dass auch die Werthaltigkeit der mit den Kreditforderungen unterlegten Wertpapiere immer mehr angezweifelt wurde. Die Ratingagenturen stuften daraufhin die Bewertungen einzelner CDOs teilweise gleich um mehrere Stufen herab.[158] Im Juli 2007 setzte die erste Ausverkaufswelle von verbrieften Kreditforderungen ein, welche sich jedoch zunächst nur auf die Tranchen mit schlechterem Rating konzentrierte. Da jedoch aufgrund der Intransparenz der Produkte nicht ersichtlich war, wie viele Subprime-Kredite den Wertpapieren zugrunde lagen, weitete sich die Skepsis schnell auf den gesamten Verbriefungsmarkt aus, was auch bei den Tranchen mit besserem Rating zu Kursverlusten führte.[159] Für die mit privaten Immobilienkrediten unterlegten Wertpapiere (RMBS) gab es zeitweise gar keine Käufer mehr.[160] Da viele Banken selbst oder über ihre Zweckgesellschaften in den Kreditverbriefungs- und Kreditausfallversicherungsmarkt verstrickt waren, führte die Abwertung der Anleihen zu einem allgemeinen Vertrauensverlust der Marktteilnehmer. Die Spekulationen bezüglich bevorstehender Bankenzusammenbrüche bewirkten, dass die Banken sich untereinander zeitweise keine Kredite mehr gaben.[161] Dementsprechend schlugen die Entwicklungen auch auf die ABCP-Käufe durch. Beispielsweise geriet die IKB schon im Juli 2007 durch die Abwertungen der Wertpapiere und den zunehmenden Vertrauensverlust in Schwierigkeiten. Das Conduit „Rhineland Funding" konnte sich nicht mehr refinanzieren, da der Markt für ABCP innerhalb weniger Wochen zusammenbrach. Obwohl die RMBS-Anleihen und CDOs, welche die IKB und „Rhineland Funding" angekauft hatten, überwiegend eine angeblich hohe Qualität besaßen,[162] misstraute der Markt den Papieren grundsätzlich. Bei anderen Banken stieg die Besorgnis, dass die IKB aus den zur Verfügung gestellten Liquiditätslinien in Anspruch genommen wird, woraufhin sie ihrerseits der IKB die Kreditlinien kündigten.[163] Auch die Zweckgesellschaften der anderen Banken konnten sich nicht mehr über ABCP refinanzieren. Ebenso wenig konnten sie sich ihrer wertlos gewordenen ABS-Anleihen entledigen – zum einen, weil es keine Käufer mehr gab, zum anderen, weil das Rating und die ABCP-Vertragsbedingungen in der Regel vorsahen, dass die ABS-Anleihen gehalten werden müssen.[164] Die Folge war, dass die Kreditlinien der Sponsor-Banken in großem Umfang in Anspruch genommen wurden.[165]

---

[157] BaFin, Jahresbericht 07, S. 17.

[158] Kasiske in Schünemann, Die sogenannte Finanzkrise, S. 22; Sinn, Kasino Kapitalismus, S. 79.

[159] BaFin, Jahresbericht 07, S. 17.

[160] Schröder, Handbuch Kapitalmarktstrafrecht, Rn 1133.

[161] Sinn, Kasino Kapitalismus, S. 79.

[162] IKB Geschäftsbericht 06/07, S. 58; IKB Geänderter Geschäftsbericht 06/07, S. 16.

[163] IKB Geänderter Geschäftsbericht 06/07, S. 18.

[164] Schröder, Kapitalmarktstrafrecht, Rn 1135.

[165] Sachverständigenrat 08/09, S. 120.

Im Zuge des Zusammenbrechens des Marktes für ABS, CDOs und ABCPs, den Inanspruchnahmen aus den Kreditlinien und den Kreditausfallversicherungen und dem Zusammenbruch des Interbankenhandels kam es zu einer weltweiten Bankenkrise. Im Jahr 2008 verschwanden weltweit über 100 Banken durch Konkurs, Verstaatlichung oder Übernahmen.[166] Der weltweite Finanzmarkt konnte nur durch bisher beispiellose Rettungsaktionen vor dem völligen Zusammenbruch bewahrt werden. Allein in Deutschland wurden den Banken über 578 Mrd. Euro an direkten Finanzmitteln und Bürgschaften zugewendet und die Zentralbanken der USA, Europas und Japans haben den Banken 1,5 Billionen Euro an zusätzlicher Liquidität geliehen.[167] Auch die IKB konnte nur durch eine Reihe von Maßnahmen gerettet werden. Nachdem die staatliche KfW als Hauptanteilseigner ihren Aktienanteil bis August 2008 schrittweise auf 90,8% erhöht hatte, musste die IKB am 21. August 2008 letztlich für mutmaßlich 137 Mio. Euro an die Private-Equity-Gesellschaft Lone Star verkauft werden.[168]

---

[166] Sinn, Kasino Kapitalismus, S. 79.
[167] Schünemann in Schünemann, Die sogenannte Finanzkrise, S. 79.
[168] Sinn, Kasino Kapitalismus, S. 86f.

3 Komplexität internationaler Finanzmärkte als Einfallstor kriminogener Verhaltensweisen an Kapitalmärkten

Die bisher dargestellten Finanzprodukte und Verfahren, die auf den modernen Finanzmärkten Einzug erhalten haben, veranschaulichen, welches Maß an Komplexität die Märkte im Laufe der Zeit erreicht haben. Es wurde bereits erwähnt, dass selbst professionelle Marktteilnehmer nicht mehr in der Lage waren, die eingegangenen Risiken in vollem Umfang zu erfassen.[169] Nachfolgend soll kurz dargestellt werden, was die Ursachen für die Entstehung einer solchen Komplexität sind und wie dadurch Möglichkeiten für kriminelle Handlungen geboten werden. Dies wird exemplarisch anhand zweier Straftatbestände aufgezeigt, wobei jedoch auf eine genauere Prüfung verzichtet wird, da zunächst nur die Einfallstore untersucht werden sollen, durch welche die Komplexität ausgenutzt werden kann. Zudem wird vorerst auf die Darstellung der Untreue verzichtet, da diese unter 4 gesondert und ausführlich geprüft werden soll.

3.1 Verleitung zum Börsenspekulationsgeschäft, §§ 49, 26 BörsG

Gründe für die Komplexität des Finanzmarktes können zum einen natürliche Entwicklungen wie Internationalisierung oder die zunehmende Zahl der Akteure und Geschäftsmodelle sein.[170] Des Weiteren können auch privatrechtlich ausgestaltete Marktsegmente, die jenseits der regulierten Märkte einen nicht bzw. kaum regulierten Handel ermöglichen (sog. *„open market"*) oder auch immer kompliziertere gesetzliche Regelungen zu Verwirrung und Intransparenz führen und von Kriminellen ausgenutzt werden.[171]

Komplexität kann jedoch auch synthetisch erzeugt werden. Hierbei liegt der Zweck teilweise nur in der Überspielung von Risiken durch die Vortäuschung angeblicher Solidität und scheinbar attraktiver Renditeaussichten verschiedener Finanzprodukte. Diese Unüberschaubarkeit der Risiken wird vor allem bei unerfahrenen Privatanlegern genutzt, um diese zu Geschäften mit hochspekulativem Charakter zu verleiten.[172]

---

[169] Sinn, Kasino Kapitalismus, S. 173.
[170] Schröder, Die Komplexität internationaler Finanzmärkte, S. 1.
[171] Schröder, Die Komplexität internationaler Finanzmärkte, S. 5ff.
[172] Schröder, Handbuch Kapitalmarktstrafrecht, Rn 1139.

Genannt werden soll in diesem Zusammenhang die Entwicklung der Optionsscheine. Diese waren ursprünglich Instrumente der Unternehmensfinanzierung, bei welchen es sich um von Optionsanleihen i.S.d. § 221 AktG abgetrennte Optionsrechte auf Aktien handelte.[173] Der Erwerber kaufte somit das Recht, Aktien des Unternehmens in einem bestimmten Zeitraum zu einem festgelegten Bezugskurs zu erwerben.[174] Jedoch setzten sich auf den internationalen Kapitalmärkten vermehrt sogenannte „Naked Warrants" durch. Diese verbriefen ein Optionsrecht (Bezugsrecht) auf Aktien des Emittenten, welche ohne Kombination mit einer Optionsanleihe oder anderen Finanzierungsinstrumenten ausgegeben werden.[175] Die Optionsrechte auf bestimmte Aktien konnten somit nicht mehr nur von dem ursprünglichen börsennotierten Unternehmen, sondern von unternehmensfernen Dritten emittiert werden. Dadurch wurden sie zu reinen Spekulationspapieren, deren Risiko teilweise zum Totalverlust führen kann.[176] Die Entwicklung wurde weiter vorangetrieben und die Geschäfte wurden immer synthetischer. Vor allem durch die Einführung eines Ausschlusses der effektiven Lieferung des Gegenstandes, auf den sich die Kaufoption bezog und den stattdessen vereinbarten Barausgleich, wurde es möglich, neben Aktien auch auf Kursentwicklungen von Indizes zu setzen, wobei sowohl auf steigende als auch auf fallende Kurse spekuliert werden konnte. Zudem wurden weitere Variationen entwickelt, wie beispielsweise Knock-Out-Optionsscheine, welche bei Über- oder Unterschreitung eines gewissen Basiswerts verfallen oder Turbo-Optionsscheine, die Optionsscheine zum Bezug von Optionsscheinen darstellen und dadurch eine Hebelwirkung erzeugen.[177] Ein ähnliche Entwicklung war auch bei den Zertifikaten zu beobachten, welche zum Beispiel durch die Einschaltung von „Bonus"- und „Multi-Bonus"-Vereinbarungen die Risiken der Optionsscheine teilweise um ein Vielfaches übersteigen. Hierbei ist es vor allem für den privaten Käufer oftmals nicht ersichtlich, welches Risiko er konkret eingeht, da die Produkte durch die Finanzindustrie bewusst so ausgestaltet sind, dass sie einem unerfahrenen Anleger eine scheinbare Sicherheit suggerieren, er jedoch in Wirklichkeit die ausgelagerten Risiken Dritter trägt.[178]

Der Handel mit solchen Produkten birgt eine mögliche Strafbarkeit wegen der Verleitung zum Börsenspekulationsgeschäft gem. §§ 49, 26 BörsG. Hierbei muss die Unerfahrenheit eines anderen ausgenutzt werden, um diesen zu Börsenspekulationsgeschäften oder der Beteiligung an solchen zu verleiten. Geschäfte der genannten Art sind in der Regel Finanztermingeschäfte (§ 37 e S. 2 WpHG), Warentermingeschäfte (§ 2 Abs. 2

---

[173] Schlitt/Löschner, BKR 2002, S. 150.
[174] Schröder, ZBB 2010, S. 281.
[175] Schlitt/Löschner, BKR 2002, S. 150.
[176] Schröder, ZBB 2010, S. 281; Schlitt/Löschner, BKR 2002, S. 151.
[177] Schröder, ZBB 2010, S. 281.
[178] Schröder, ZBB 2010, S. 283f.

Nr. 2, 2 b, 3 WpHG) oder auch sogenannte Leerverkäufe (*short sales*).[179] In Deutschland ist es Warenterminoptionsvermittlern in den 70er und 80er Jahren gelungen, vermögende Privatpersonen zum Kauf von Öl- oder Gold- Optionsscheinen an ausländischen Rohstoffbörsen zu verleiten (über Handelsplätze in Deutschland war der Abschluss solcher Geschäfte bis 1990 für Private nicht möglich).[180] Durch hohe Provisionsaufschläge der Vermittler war ein Gewinn für die Käufer von Anfang an ausgeschlossen, was für diese jedoch aufgrund der Intransparenz der Produkte nicht erkennbar war.[181] Neben Betrug kommt auch hierbei eine Strafbarkeit aus §§ 49, 26 BörsG in Betracht.[182]

3.2 Betrug, § 263

Während im vorherigen Punkt vor allem auf den Zusammenhang von Komplexität und Kriminalität gegenüber privaten Anlegern eingegangen wurde, sollen nun die Verknüpfungen mit kriminogenem Verhalten der institutionellen Martteilnehmer untereinander angeführt werden.

Die bereits geschilderte Struktur der Kreditverbriefung zu ABS-Anleihen und CDOs führte zu hochkomplexen Produkten, welche durch die Zusammenfügung einer Vielzahl von Forderungen, Anleihen, Währungsderivaten und Kreditausfallversicherungen entstanden und deren Vertragswerke mehrere hundert Seiten stark waren.[183] Da auch die professionellen Marktakteure den Risikogehalt der Produkte nicht bewerten konnten, wurde auf die Bewertungen der Ratingagenturen vertraut, die jedoch hinsichtlich der Bonität der Forderungsschuldner oftmals auf die Angaben der Banken vertrauten.[184] Dadurch entstand auch hier ein Einfallstor für kriminelles Verhalten, insbesondere bezogen auf den sogenannten *mortgage-fraud* (Hypothekendarlehensbetrug). Hierbei wird betrügerisch über die geringe Werthaltigkeit einer Hypothek hinweggetäuscht. In den USA ergaben Ermittlungen der Strafverfolgungsbehörden, dass eine Vielzahl hypothekengesicherter Kreditforderungen bereits während des Vertrages oder während der Verbriefung zumindest teilweise abschreibungsreif waren.[185] Hinsichtlich der Verbriefungen solcher Subprime-Kredite zu CDOs hatte die US-Finanzmarktaufsicht *Securities and Exchange Commission* (SEC) gegen die US-amerikanische Investmentbank Gold-

---

[179] Schwark in Schwark/Zimmer, § 26 BörsG, Rn 2.

[180] Schröder, Die Komplexität internationaler Finanzmärkte, S. 1f.

[181] Ebenda.

[182] BGH, NStZ 2000, 36f.

[183] Schröder, ZBB 2010, S. 283f.

[184] Singer, ZfgK 2008, S. 8; Schröder, Handbuch Kapitalmarktstrafrecht, Rn 1105.

[185] Mines, Fälle des Betruges im Zusammenhang mit Subprime-Hypothekendarlehen, S. 5ff.; Schröder, ZBB 2010, S. 285.

man Sachs & Co. ermittelt und Anklage wegen Betruges erhoben.[186] Der Vorwurf bestand darin, dass Goldman Sachs zweitklassige Hypothekenkredite zu CDOs verbriefte und diese an verschiedene Kunden, darunter auch die deutsche IKB, ausgab. Den Kunden gegenüber erklärte Goldman Sachs, dass die Portfoliozusammenstellung durch die ACA Management LLC, ein auf Kreditrisikoanalyse spezialisiertes Unternehmen, erfolgte. In Wahrheit wurden die Kredite für das Portfolio jedoch von Paulson & Co. Inc., einem großen Hedge-Fond, ausgewählt. Nach Erstellung des als „ABACUS 2007-ACI CDO" bezeichneten Produkts wettete Paulson mit Hilfe von *Credit Default Swaps* (CDS) gegen das eigene Produkt. Paulson zahlte ca. 15 Mio. US Dollar an Goldman Sachs, um das Produkt zu strukturieren, bei welchem neun Monate später 99% der zugrundeliegenden Hypotheken durch die Ratingagenturen herabgestuft wurden. Die Käufer des Produkts verloren in Summe ca. 1 Mrd. US Dollar. Hierbei handelt es sich in etwa um den gleichen Betrag, den Paulson im Gegenzug als Gewinn verbuchen konnte.[187] Die Klage führte zu einem Vergleich, der vorsah, dass Goldman Sachs über 550 Mio. US Dollar an die SEC zahlt – die höchste Summe, die ein Finanzunternehmen jemals an die SEC zahlen musste. Von der Strafsumme gingen 150 Mio. US Dollar an die IKB.[188]

Der Fall zeigt deutlich, wie die Intransparenz und Komplexität moderner Finanzprodukte und das Vertrauen in die Ratings eine Möglichkeit für kriminelles Verhalten bieten und selbst erfahrene Marktteilnehmer zu Opfern werden.

---

[186] Klageschrift SEC./.Goldman Sachs, S. 1ff.
[187] Klageschrift SEC./.Goldman Sachs, S. 2f.
[188] manager magazin v. 16.7.2010; Focus Money Online v. 16.7.2010.

4 Untreue (§ 266 StGB) im Zusammenhang mit der Finanzmarktkrise

Nachfolgend soll nun genauer untersucht werden, ob sich Bankvorstände oder andere Entscheidungsträger durch ihr Verhalten im Zusammenhang mit der Finanzmarktkrise der Untreue, § 266 StGB, strafbar gemacht haben könnten. Untersucht werden hierbei der Kauf und die Vermittlung von ABS-Anleihen bzw. CDOs, die Übernahme der Ausfallgarantien (Liquiditätslinien) und die Beratung fristentransformierender Zweckgesellschaften (Conduits) sowie die Überwachung dieser laufenden Geschäfte. Hierbei kann vorweggenommen werden, dass die Ausführungen in dieser Hinsicht die Kernfragen der Strafbarkeit darstellen sollen, da diese im Einzelfall für jeden Täter und jedes Geschäft gesondert zu prüfen wäre und sich daher eine pauschale Bejahung oder Verneinung der strafrechtlichen Verantwortlichkeit verbietet.

4.1 Geschütztes Rechtsgut und Strafgrund

Geschütztes Rechtsgut des § 266 StGB ist wie beim Betrug allein das individuelle Vermögen.[189] Im Gegensatz zum Betrug verlangt § 266 StGB jedoch keine beabsichtigte Vermögensverschiebung, sondern lässt eine Vermögensschädigung genügen.[190] Den Grund für die strafrechtliche Sanktionierung des Täterverhaltens stellt die dem Täter eingeräumte qualifizierte Möglichkeit des Zugriffs auf das Geschäftsherrnvermögen dar, wobei insbesondere der Handlungsspielraum von Organmitgliedern einer juristischen Person erheblich erweitert ist, da eine selbst nicht handlungsfähige Gesellschaft ihre Vermögensinteressen zwangsläufig durch natürliche Personen wahrnehmen lassen muss.[191]

4.2 Begehungsvarianten

Gem. § 266 Abs. 1 StGB kann die Herbeiführung eines Nachteils für fremdes Vermögen mittels zweier Begehungsvarianten erfüllt werden: dem Missbrauchs- (§ 266 Abs. 1 Alt. 1 StGB) und dem Treuebruchtatbestand (§ 266 Abs. 1 Alt. 2 StGB). Bei der Missbrauchsvariante wird rechtliches Dürfen im Rahmen eines rechtlichen Könnens durch den Täter missbräuchlich überschritten und demnach fremdes Vermögen durch ein im

---

[189] BGHSt 14, 38 (47); 43, 293 (297); Kindhäuser, StGB Kommentar, § 266, Rn 9.
[190] Kindhäuser, StGB Kommentar, § 266, Rn 9.
[191] Adick, Organuntreue, S. 5.

Außenverhältnis wirksames Rechtsgeschäft geschädigt.[192] Die Treuebruchvariante bildet den Auffangtatbestand, falls der speziellere Missbrauchstatbestand nicht erfüllt ist.[193] Von ihm werden nicht nur rechtsgeschäftliche, sondern auch anderweitige schädigende Handlungen erfasst.[194] Dogmatisch ist die Entscheidung zwischen beiden Alternativen insoweit relevant, ob auch der Missbrauchstatbestand eine Verletzung einer Vermögensbetreuungspflicht verlangt. Jedoch ist es heute ganz überwiegende Ansicht, dass beide Tatbestände dies voraussetzen (monistische Lehre).[195] Eine Entscheidung für eine der beiden Varianten ist daher vorliegend nicht von Belang und auch nicht möglich, da bei den hier zu untersuchenden Bankgeschäften je nach einzelnen Verhaltensweisen und Fallgestaltungen unterschiedliche Begehungsvarianten erfüllt sein können[196] bzw. im Regelfall beide erfüllt sein werden.[197] Auch in der Rechtsprechung bleibt oftmals unentschieden, welche der beiden Alternativen dem Täter vorgeworfen wird.[198] Es soll sich daher auf das Merkmal der Vermögensbetreuungspflicht und der Verletzung einer solchen konzentriert werden.

4.3 Vermögensbetreuungspflichten

4.3.1 Gegenstand der Pflicht

§ 266 ist ein Sonderdelikt, welches voraussetzt, dass den Täter eine Treuepflicht gegenüber seinem Geschäftsherrn trifft. Diese muss qualitativ über eine rein schuldrechtliche Verpflichtung hinausgehen.[199] Es wird gefordert, dass die Vermögensbetreuungspflicht eine Geschäftsbesorgung für einen anderen in einer nicht ganz unbedeutenden Angelegenheit mit einem durch Eigenverantwortlichkeit und Selbstständigkeit geprägten Aufgabenkreis von einigem Gewicht zum Gegenstand hat.[200] Im Einzelnen bedeutet dies, dass die Betreuung des Vermögens sich zum einen im Innenverhältnis als Hauptpflicht darstellen muss. Sie muss somit nicht die einzige Pflicht sein, sich jedoch als typischer und wesentlicher Inhalt einer fremdnützig ausgerichteten Geschäftsbesorgung darstellen

---

[192] BGH NJW 1984, 2539 (2540); Kühl, StGB Kommentar, § 266, Rn 6.

[193] Kindhäuser, StGB Kommentar, § 266, Rn 70.

[194] Schröder, Handbuch Kapitalmarktstrafrecht, Rn 1148.

[195] BVerfG v. 23. 6. 2010 – 2 BvR 2559/08, 2 BvR 105/09, 2 BvR 491/09, Rn 19; Kühl, StGB Kommentar, § 266, Rn 4.; Kindhäuser, StGB Kommentar, § 266, Rn 20; Beukelmann in Dölling/Duttge/Rössner, Gesamtes Strafrecht Kommentar, §266, Rn 7.

[196] In Abhängigkeit der verschiedenen Phasen einer Kreditvergabe dargestellt bei Martin, Bankuntreue, S. 48ff.

[197] Schumann in Müller-Gugenberger/Bieneck, Wirtschaftsstrafrecht, § 67, Rn 4.

[198] BGH NJW 1975, 1234 (1234); BGH NJW 1977, 443 (444); BGH NJW 1983, 461 (461).

[199] Adick, Organuntreue, S. 10.

[200] BGHSt 33, 244 (250); Beukelmann in Dölling/Duttge/Rössner, Gesamtes Strafrecht Kommentar, §266, Rn 9; Kindhäuser, StGB Kommentar, § 266, Rn 21.

und dem Täter kraft Gesetzes, behördlichen Auftrags, Rechtsgeschäfts oder eines Treueverhältnisses obliegen.[201] Es wird daher von einer Akzessorietät des § 266 StGB zu außerstrafrechtlichen Normen gesprochen.[202]

4.3.2 Täterkreis

Nach gefestigter Rechtsprechung obliegt den Vorstandsmitgliedern einer Bank regelmäßig eine auf das Bankvermögen bezogene Vermögensbetreuungspflicht, die sich auch auf das Vermögen der Bankkunden erstrecken kann.[203] Auch Verwaltungs- und Aufsichtsräte trifft eine Vermögensbetreuungspflicht im Hinblick auf die Aufgabe zur Überwachung der Geschäftsführung des Vorstandes nach Maßgabe der §§ 111 Abs. 1, 116 AktG.[204]

Eine Vermögensbetreuungspflicht kann auch Angestellte treffen. Jedoch ist hierbei zu differenzieren: Sofern ein in die Vorgänge involvierter Angestellter rein weisungsgebunden handelt und somit schlicht die Vorgaben anderer ausführt, fehlt es an der Eigenverantwortlichkeit und Selbstständigkeit, weshalb eine Vermögensbetreuungspflicht zu verneinen wäre.[205] Anders gelagert wäre der Fall, wenn ein Investmentbanker oder eigenständig agierender Händler eine Auswahlentscheidung hat, beispielsweise über die zu kaufenden Wertpapiere oder die Konzeption eines Conduit.[206] Eine Vermögensbetreuungspflicht zugunsten ihrer Mandanten ist zudem für Wirtschaftsprüfer anerkannt, weshalb auch sie taugliche Täter einer Untreue sein können.[207] Schwieriger ist diese Frage für Unternehmens- und Anlageberater zu beantworten. Da diese in der Regel nur Empfehlungen aussprechen (vgl. § 675 Abs. 2 BGB) und keine Entscheidungen treffen, selbst wenn deren Rat noch so umfassend und dringlich sein sollte.[208] Sie können daher nur taugliche Täter einer Untreue sein, soweit sie tatsächlich dispositionsbefugt sind.[209]

---

[201] BGHSt 33, 244 (250); 41, 224 (228f.); Schröder, Handbuch Kapitalmarktstrafrecht, Rn 1150.

[202] BGHSt 47, 187 (192); Forkel, ZfgK 2011, S. 668.

[203] BVerfG v. 23. 6. 2010 – 2 BvR 2559/08, 2 BvR 105/09, 2 BvR 491/09, Rn 110; BGH NJW 2002, 1211 (1213); Kindhäuser, StGB Kommentar, § 266, Rn 36; Schröder, Handbuch Kapitalmarktstrafrecht, Rn 1151; Brüning/Samson, ZIP 2009, S. 1090.

[204] BGHSt 9, 203 (210); BGH NStZ 2002, 322 (324); Kindhäuser, StGB Kommentar, § 266, Rn 34; Schmid in Müller-Gugenberger/Bieneck, Wirtschaftsstrafrecht, § 31, Rn 27; Schünemann in Schünemann, Die sogenannte Finanzkrise, S. 88f.

[205] Schröder, Handbuch Kapitalmarktstrafrecht, Rn 1152.

[206] Ebenda.

[207] BGH NStZ 2006, 38; Tiedemann, Wirtschaftsstrafrecht BT, Rn 394; Lutter, ZIP 2009, S. 200.

[208] Tiedemann, Wirtschaftsstrafrecht BT, Rn 395.

[209] Tiedemann, Wirtschaftsstrafrecht BT, Rn 394.

4.4 Pflichtwidrigkeit

Die Pflichtverletzung kann durch rechtsgeschäftliches oder tatsächliches Handeln begangen werden und sowohl in einem positiven Tun als grundsätzlich auch einem Unterlassen bestehen.[210] Fraglich ist jedoch, welche Voraussetzungen an die Qualität einer solchen Pflichtverletzung gestellt werden müssen.

4.4.1 Außerstrafrechtliche Verstöße als Untergrenze der Strafbarkeit

Durch das nicht näher bestimmte Merkmal der Pflichtwidrigkeit muss zur Bestimmung der verletzten Pflicht auf außerstrafrechtliche Normen zurückgegriffen werden. Der Verstoß kann sich dabei auf gesetzliche oder rechtsgeschäftliche Pflichten beziehen. Dies bedeutet im Umkehrschluss, dass eine Pflichtverletzung nach § 266 StGB verneint werden muss, wenn das Verhalten des Täters nach den außerstrafgesetzlichen Bezugsnormen erlaubt ist.[211] Die verletzte Norm muss zudem ihrerseits mindestens auch, und sei es mittelbar, dem Schutz des zu betreuenden Vermögens dienen.[212]

Der Verstoß gegen diese Normen stellt demnach die Untergrenze einer Untreue dar.

4.4.2 Gravierende Pflichtverletzung

In der Vergangenheit gab es kontroverse Ansichten darüber, ob der durch die Erstreckung auf außerstrafrechtliche Normen sehr weite Tatbestand des § 266 StGB dadurch eingeschränkt werden müsse, dass in solchen Fällen nur gravierende Verstöße eine Pflichtverletzung i.S.d. § 266 StGB begründen. Diese Anforderung wurde vom BGH zunächst aufgestellt,[213] später jedoch wieder eingeschränkt.[214] Letztlich verlangte das BVerfG im Rahmen einer Prüfung der Vereinbarkeit des § 266 StGB mit dem Bestimmtheitsgrundsatz die Einschränkung des Tatbestands durch das Erfordernis einer gravierenden Pflichtverletzung.[215] Trotz erheblicher Einwände, welche beispielsweise hervorheben, dass sich für eine solche Einschränkung keine Stütze im Wortlaut finden lasse[216] oder auch, dass der Tatbestand dadurch entgegen dem erklärten Ziel noch unbe-

---

[210] Adick, Organuntreue, S. 12.

[211] OLG Düsseldorf, NJW 2004, 3272 (3276); Adick, Organuntreue, S. 13.

[212] BGH v 13.9.2010 – 1 StR 220/09, Rn 36; Schmid in Müller-Gugenberger/Bieneck, Wirtschaftsstrafrecht, § 31, Rn 135a.

[213] BGHSt 47, 148 (152); 187 (197).

[214] BGHSt 50, 331 (343).

[215] BVerfG v. 23. 6. 2010 – 2 BvR 2559/08, 2 BvR 105/09, 2 BvR 491/09, Rn 112.

[216] Schünemann in Schünemann, Die sogenannte Finanzkrise, S. 93.

stimmter werde,[217] kann das Erfordernis der gravierenden Pflichtverletzung durch das Urteil als bestätigt angesehen werden[218], weshalb dies in der weiteren Prüfung zu berücksichtigen ist. Ob es sich beispielsweise bei einer gesellschaftsrechtlichen Pflichtverletzung des Vorstands einer AG um eine gravierende handelt, soll sich aus einer Gesamtschau insbesondere gesellschaftsrechtlicher Kriterien ergeben.[219]

4.4.3 In Betracht kommende Pflichtverletzungen

4.4.3.1 Verletzung der bankeneigenen Satzungen und allgemeiner Grundsätze des öffentlichen Rechts

Einigen der in Rede stehenden Banken könnte allein schon durch ihre Satzungen und allgemeine Grundsätze des öffentlichen Rechts das Betreiben der ABS-Geschäfte und das Engagement hinsichtlich der Conduits versagt gewesen sein. Dadurch hätten der Vorstand und der Aufsichtsrat bzw. der Verwaltungsrat durch ihr Vorgehen die Satzungen verletzt und demnach pflichtwidrig gehandelt.

Infrage kommt dies für die Banken, welche kraft ihrer Satzung einem öffentlichen Zweck zu dienen haben. Dies sind vor allem öffentlich-rechtliche Banken, wie damals beispielsweise die Sachsen LB oder die BayernLB oder auch privatrechtlich organisierte Banken, welche zu 100% der öffentlichen Hand und den öffentlich-rechtlichen Sparkassen gehören, wie die WestLB AG.[220] Ähnlich verhält es sich auch mit der durch ihre Satzung auf Mittelstandsfinanzierung festgelegten IKB AG, deren Hauptaktionärin damals die staatliche KfW-Bankengruppe war.

4.4.3.1.1 Die Landesbanken

Die erwähnten Landesbanken, deren Satzungen hier exemplarisch angeführt werden sollen, waren zwar nach außen vollständig rechtsfähig und durften Bankgeschäfte jeder Art tätigen (vgl. § 2 Abs. 5 Sachsen LB-Satzung vom 28.04.2006, § 3 Abs. 1 BayernLB-Satzung vom 08.07.2005), jedoch waren sie im Innenverhältnis auf die Verfolgung öffentlicher Zwecke festgelegt.[221]

Hierbei ist jedoch zwischen dem „Ob" der getätigten Geschäfte und dem „Wie" zu differenzieren. Laut ihren Satzungen waren die im Rahmen des ABS-Geschäfts tätig gewordenen Landesbanken grundsätzlich dazu befugt. Hinsichtlich der Art und Weise,

---

[217] Beckemper, ZJS 2011, S. 90.

[218] Wastl, ZfgK 2010, S. 1222.

[219] BGH 1 StR 215/01, Rn 34; Ransiek, ZStW 2004, S. 643.

[220] Lutter, BB 2009, S. 786.

[221] Schünemann in Schünemann, Die sogenannte Finanzkrise, S. 89; Lutter, BB 2009, S. 786ff.

wie und in welchem Umfang solche Geschäfte getätigt werden sollen, waren sie jedoch darauf festgelegt, alle „Geschäfte […] unter Beachtung ihres öffentlichen Auftrags […] zu führen" (§ 2 Abs. 6 Sachsen LB-Satzung vom 28.04.2006, vgl. auch § 3 Abs. 4 BayernLB-Satzung vom 08.07.2005). Ob die Wertpapiergeschäfte in dem vorgefundenen Umfang noch unter Beachtung des öffentlichen Auftrags getätigt wurden, muss im Rahmen einer Einzelfallprüfung für die jeweiligen Institute gesondert erörtert werden. Es kann jedoch auch dahinstehen, wenn schon das „Ob" eines solchen Engagements durch andere Vorgaben versagt war. Als solche kommen allgemeine Grundsätze des öffentlichen Rechts in Betracht, welche sich aus den Länderverfassungen und dem Grundgesetz ableiten. Hierbei können insbesondere die Grundsätze der (mittelbaren) Staatsverwaltung herangezogen werden. Jegliches Handeln des Staates, auch wenn es durch eine Anstalt des öffentlichen Rechts oder eine privatrechtlich organisierte Aktiengesellschaft getätigt wird, ist (mittelbare) Staatsverwaltung.[222] Aus dem Sozial- und Rechtsstaatsgebot (Art. 20 Abs. 1 GG) folgt, dass der Staat stets dem öffentlichen Wohl verpflichtet bleibt.[223] Mithin müssen auch die Handlungen der Landesbanken – unabhängig davon in welcher Rechtsform sie geführt werden – als (mittelbare) Staatshandlungen einem öffentlichen Zweck dienen.[224] Eine einheitliche Begriffsbestimmung für den öffentlichen Zweck ist jedoch nicht vorhanden. In der Regel heißt es, öffentlicher Zweck sei „jede gemeinwohlorientierte, im öffentlichen Interesse der Einwohner liegende Zielsetzung, also die Wahrnehmung einer sozial-, gemeinwohl- und damit einwohnernützigen Aufgabe".[225] Für die öffentliche Wirtschaft bedeutet dies, dass „ein Recht der öffentlichen Hand zu beliebiger Wirtschaftsbetätigung nicht anerkannt werden kann, [dass] vielmehr jedes Unternehmen durch Erfordernisse des Gemeinwohls hinreichend gerechtfertigt sein muss".[226] Dem Staat steht zwar in Bezug auf die Festlegung der öffentlichen Zwecke eine breite Einschätzungsprärogative zu, jedoch besteht Einigkeit darüber, dass die reine Gewinnerzielungsabsicht keinen öffentlichen Zweck darstellt, da der Staat sich aus Steuern und Abgaben zu finanzieren hat.[227] Zwar darf und soll der Staat bei der Wahrnehmung seiner Aufgaben Erträge erzielen, jedoch muss dies ein Nebeneffekt und nicht alleiniger Zweck der Unternehmung sein. Andernfalls würde das Zweckerfordernis leerlaufen.[228]

Je nach Art und Umfang der neuen ABS-Geschäftsmodelle könnte dies für einige der Landesbanken bedeuten, dass ein Tätigwerden als Geschäftsbank außerhalb öffentlicher

[222] Lutter, BB 2009, S.788f.

[223] VerfGH NRW DVBl 1986, 1196 (1197); Held, WiVerw 1998, S. 270.

[224] BVerfGE 61, 82 (107); Schünemann in Schünemann, Die sogenannte Finanzkrise, S. 89.

[225] Moraing, WiVerw 1998, S. 252.

[226] Held, WiVerw 1998, 270.

[227] Sächsischer Rechnungshof, Sonderbericht 2009, S. 29; Franz, Gewinnerzielung durch kommunale Daseinsvorsorge, S. 415f.; Lutter, BB 2009, S. 789; Held, WiVerw 1998, S. 270.

[228] Franz, Gewinnerzielung durch kommunale Daseinsvorsorge, S. 415.

Zwecke und die damit verbundenen Eigengeschäfte in börsennotierte Wertpapiere als „isolierbarer Geschäftszweig rein spekulativer Art"[229] begriffen werden müssen. Ein solches Vorgehen ist nicht vereinbar mit dem öffentlichen Zweck staatlichen Handelns.[230] In der Literatur wird insbesondere angeführt, dass es sich bei den Wertpapieren zumeist um verbriefte Kreditforderungen amerikanischer Immobilienkäufer handelte und die Landesbanken demnach mittelbar den amerikanischen Markt finanziert haben.[231] Ebenfalls wird das große Volumen, welches im Rahmen des ABS-Geschäfts investiert wurde (die drei angeführten Banken Sachsen LB, BayernLB und WestLB kauften amerikanische Wertpapiere mit einem Gesamtvolumen von fast 80 Mrd. Euro), als nicht mehr von einem (auch nicht mittelbaren) öffentlichen Zweck gedeckt, deklariert.[232] Diese Ansicht wird auch dadurch gestützt, dass Banken, wie die Sachsen LB, ihre eigentliche Hauptaufgabe, die Förderung des sächsischen Heimatmarktes, zum Wohle des neuen Geschäftsmodells vernachlässigten.[233]

Die Verfolgung des öffentlichen Zwecks ist zwingendes öffentliches Recht und genügt auch den Anforderungen an eine Pflichtnorm i.S.d. § 266 StGB, da diese Beschränkung zumindest auch dem Schutz der öffentlichen Hand vor ökonomischen Experimenten und mithin dem Vermögensschutz dient.[234] Durch den zwingenden Charakter dieser Vorgaben ist auch eine Zustimmung oder Förderung der in den Kreditausschüssen vertretenen Bundesländer und des Verbands der Sparkassen ohne Belang für ein pflichtwidriges Handeln der Vorstände,[235] sondern kann vielmehr ebenfalls als Pflichtverletzung der in diesen Ausschüssen tätigen Personen gewertet werden.[236]

Ob die Geschäfte im Einzelnen nicht vom öffentlichen Zweck gedeckt waren und ob diese Pflichtverletzung als gravierend zu beurteilen ist, muss vorliegend dahinstehen, da diese Fragen im Rahmen einer Einzelfallprüfung unter Einbeziehung der einzelnen detaillierten Geschäfte und der jeweiligen Ländervorgaben zu prüfen wären.[237]

---

[229] Lutter, BB 2009, S. 789.

[230] Sächsischer Rechnungshof, Sonderbericht 2009, S. 29.

[231] Lutter, BB 2009, S. 790.

[232] Schünemann in Schünemann, Die sogenannte Finanzkrise, S. 89.

[233] Sächsischer Rechnungshof, Sonderbericht 2009, S. 78.

[234] Schünemann in Schünemann, Die sogenannte Finanzkrise, S. 89.

[235] BGHSt 47, 148 (149); Schünemann in Schünemann, Die sogenannte Finanzkrise, S. 89.

[236] Lutter, ZIP 2009, S. 200.

[237] Schröder, Handbuch Kapitalmarktstrafrecht, Rn 1156, Fn 1424.

4.4.3.1.2 Privatbanken mit satzungsmäßiger Zweckbindung (am Beispiel der IKB AG)

Auch die Mittelstandbank IKB AG war durch ihre privatrechtliche Satzung einem übergeordneten Zweck verpflichtet.[238] Dieser bestand laut § 2 der IKB Satzung in der Förderung der gewerblichen Wirtschaft, weshalb den Finanzierungsbedürfnissen des Mittelstandes bevorzugt Rechnung getragen werden sollte.[239] Zwar enthielt § 2 Abs. 2 der IKB Satzung eine Berechtigung zum Betrieb von Bankgeschäften und Finanzdienstleistungen aller Art, jedoch muss dies nach einem zivilrechtlichen Beschluss des OLG Düsseldorf ebenfalls dahingehend ausgelegt werden, dass diese Geschäfte der unmittelbaren oder mittelbaren Zweckerfüllung dienen müssen.[240] Zudem würden „unter den Begriff der Bankgeschäfte und Finanzdienstleistungen nicht beliebige Wertpapier-, Risiko- und Spekulationsgeschäfte, insbesondere auch nicht das Wettgeschäft mit Finanzinnovationen und -derivaten, fallen".[241] Im Falle von Gesetzes- und Satzungsverstößen steht dem Vorstand auch kein Ermessensspielraum zu, da ein solcher nur innerhalb des gesetzlichen bzw. satzungsmäßigen Handlungsspielraums anerkannt wird.[242] Das OLG Düsseldorf kommt daher zu dem Schluss, dass das Vorgehen des IKB-Vorstands und des Aufsichtsrats nicht mit der Satzung vereinbar war und bezeichnet es – schon aufgrund des „unstreitig dadurch eingetretenen Schaden[s] in Höhe mehrerer Milliarden Euro"[243] – als grobe Pflichtverletzung, wobei es eine Pflichtverletzung als grob ansieht, wenn „das Verschulden oder der mit der Pflichtverletzung verursachte Schaden besonders eklatant ausfällt [oder] die Umstände des Einzelfalls [es] nahe legen und eine Nichtverfolgung unerträglich scheinen würde".[244] Hierbei ist jedoch auf die Qualifikation der Pflichtverletzung in Bezug auf die Untreue zu achten. Zum einen fordert das BVerfG, dass hierbei nicht per se von dem eingetretenen Vermögensnachteil auf die Pflichtwidrigkeit geschlossen werden darf,[245] da es nicht zu einer „Verschleifung der beiden Merkmale Pflichtwidrigkeit und Vermögensnachteil kommen darf".[246] Der BGH beurteilt eine gravierende Pflichtwidrigkeit im Rahmen einer Gesamtschau, wobei insbesondere eine „fehlende Nähe zum Unternehmensgegenstand, Unangemessenheit im Hinblick auf die Ertrags- und Vermögenslage, fehlende innerbetriebliche Transparenz sowie Vorliegen

---

[238] Schünemann in Schünemann, Die sogenannte Finanzkrise, S. 90.
[239] OLG Düsseldorf ZIP 2010, 28 (30).
[240] Ebenda.
[241] OLG Düsseldorf ZIP 2010, 28 (30f.).
[242] BGHZ 135, 244 (251ff.); OLG Düsseldorf ZIP 2010, 28 (31).
[243] OLG Düsseldorf ZIP 2010, 28 (31).
[244] OLG Düsseldorf ZIP 2010, 28 (30).
[245] BVerfG v. 23. 6. 2010 – 2 BvR 2559/08, 2 BvR 105/09, 2 BvR 491/09, Rn 113.
[246] Beckemper, ZJS 2011, S. 91.

sachwidriger Motive, namentlich Verfolgung rein persönlicher Präferenzen"[247] von Bedeutung seien. Zum anderen stellt sich die Frage, inwieweit die Vorgaben der Satzung als (mittelbar) vermögensschützend anzusehen sind. Sofern man die Zweckbindung der IKB – ähnlich der Zweckbindung der Landesbanken – dahingehend auslegt, dass die Bank vor wirtschaftlichen Experimenten geschützt werden soll,[248] kann zumindest ein mittelbar vermögensschützender Charakter bejaht werden. Soweit man diesem zustimmt, kann das Vorgehen der IKB – unabhängig von dem, durch das OLG Düsseldorf herangezogenen, erheblichen Schaden – dennoch als gravierende Pflichtwidrigkeit angesehen werden, da in einem erheblichen Umfang vom eigentlichen Unternehmensgegenstand abgewichen wurde. Insofern hätte sich auch die IKB und Banken mit ähnlichen satzungsmäßigen Zweckbindungen allein schon aufgrund dieser Vorgaben gar nicht – oder zumindest nicht in dem vorgefundenen Umfang – an den Geschäften mit amerikanischen Wertpapieren beteiligen dürfen. Jedoch soll auch hier auf eine endgültige Bewertung verzichtet werden, da sich ein stichhaltiges Ergebnis nur durch eine detaillierte Einzelfallbetrachtung der gesamten IKB-Bankgeschäfte und eine darauf bezogene Würdigung erzielen lassen kann.

4.4.3.2 Verletzung bankenaufsichts- und gesellschaftsrechtlicher Pflichten, insbesondere Gefährdung oder Vernichtung der Existenz einer Gesellschaft

Eine Pflichtverletzung könnte sich, sowohl für die Landes- als auch die Privatbanken, unabhängig von deren internen Vorschriften und Handlungsanweisungen auch aus einem Verstoß gegen bankenaufsichts- und gesellschaftsrechtliche Pflichten ergeben. Hierbei soll die BGH-Rechtsprechung zur Kreditvergabe als Maßstab herangezogen werden. Zwar stellen die hier zu untersuchenden Geschäfte kein klassisches Kreditgeschäft dar, jedoch handelt es sich „bei einem Ankauf von ABS-Anleihen letztlich um eine mittelbare Kreditgewährung (Kreditersatzgeschäft) [...] und Garantieversprechen durch Banken [sind] dem Kredit verwandt".[249] Zudem stellt auch § 265b Abs. 3 Nr. 2 StGB Bürgschaften, Garantien oder sonstige Gewährleistungen dem Kredit gleich.

Für die Kreditvergabe leiten sich die Pflichten zunächst aus dem Bankenaufsichtsrecht her, wobei in erster Linie das KWG aber auch darauf bezogene Rechtsverordnungen zu nennen sind.[250] Gem. § 10 Abs. 1 KWG müssen die Kreditinstitute im Interesse der Erfüllung ihrer Verpflichtungen gegenüber ihren Gläubigern, insbesondere im Interesse der Sicherheit der ihnen anvertrauten Vermögenswerte, angemessene Eigenmittel vor-

---

[247] BGH 1 StR 215/01, Rn 34.

[248] So für die Landesbanken Schünemann in Schünemann, Die sogenannte Finanzkrise, S. 89.

[249] Schröder, Handbuch Kapitalmarktstrafrecht, Rn. 1155.

[250] Waßmer, Untreue bei Risikogeschäften, S. 53ff.; Ransiek, ZStW 2004, S. 671.

halten. Die Angemessenheit der Eigenmittel bestimmt sich dabei nach der Solvabilitätsverordnung (SolvV).[251] Gem. § 11 Abs. 1 KWG müssen die Institute ihre Mittel zudem so anlegen, dass jederzeit eine ausreichende Zahlungsbereitschaft (Liquidität) gewährleistet ist, was sich im Einzelnen nach den Vorschriften der Liquiditätsverordnung (LiqV) richtet.[252] Des Weiteren enthalten die §§ 12, 13 KWG spezielle Vorgaben für die Gewährung von Groß- und Konsortialkrediten.

Neben dem KWG spielen auch gesellschaftsrechtliche Vorgaben bei den weiteren Betrachtungen eine entscheidende Rolle. Da viele der in Rede stehenden Banken in der Rechtsform einer Aktiengesellschaft tätig waren, wird der Inhalt der Vermögensbetreuungspflicht der Vorstände unter anderem durch § 93 Abs. 1 S. 1 AktG konkretisiert. Demnach haben Vorstandsmitglieder bei ihrer Geschäftsführung die Sorgfalt eines ordentlichen und gewissenhaften Geschäftsleiters anzuwenden. Gem. § 93 Abs. 1 S. 2 AktG wird ihnen dabei ein breiter Ermessensspielraum eingeräumt. Inhaltlich lehnt sich § 93 Abs. 1 S. 2 AktG an die aus dem US-amerikanischen Recht stammende *Business Judgment Rule* an.[253] Demnach liegt eine Pflichtverletzung nicht vor, wenn das Vorstandsmitglied bei einer unternehmerischen Entscheidung vernünftigerweise annehmen durfte, auf der Grundlage angemessener Information zum Wohle der Gesellschaft zu handeln. Der BGH stellte dazu heraus, dass „ein weiter, gerichtlich nur begrenzt überprüfbarer Handlungsspielraum [...] den entscheidungstragenden Organen der Gesellschaft gerade dann zu[steht], wenn ein über die bisherige Unternehmenstätigkeit hinausreichendes Geschäftsfeld erschlossen, eine am Markt bislang nicht vorhandene Geschäftsidee verwirklicht oder in eine neue Technologie investiert werden soll".[254] Dennoch muss gerade in diesen Fällen eine vollumfängliche Risikoabwägung auf Grundlage angemessener Informationen durchgeführt werden.[255] Das unternehmerische Ermessen endet gem. §§ 76, 93 AktG nach einhelliger Ansicht in jedem Fall dort, wo die Existenz und die dauerhafte Rentabilität der Gesellschaft bedroht werden.[256] Ein solches Risiko darf, wenn die Existenzgefährdung nicht völlig unwahrscheinlich ist, grundsätzlich nicht eingegangen werden, es sei denn, der Gesellschaft droht ohne Eingehung des Risikos ebenfalls ein Existenzverlust.[257] Bei einem gesunden Unternehmen spricht daher vieles dafür, dass das Eingehen existenzgefährdender Risiken immer als pflichtwidrig anzusehen ist.[258] In Bezug auf die Untreue stellt sich wiederum die Frage, ob diese

---

[251] Brüning/Samson, ZIP 2009, S. 1093.

[252] Ebenda.

[253] Adick, Organuntreue, S. 51.

[254] BGH NStZ 2006, 221 (223).

[255] Ebenda; Brüning/Samson, ZIP 2009, S. 1092.

[256] OLG Düsseldorf ZIP 2010, 28 (31); Spindler in MüKo AktG, § 93, Rn 50; Hölters in Hölters, AktG, § 93, Rn 32.

[257] Hölters in Hölters, AktG, § 93, Rn 32.

[258] Lutter, ZIP 2009, S. 199; Kasiske in Schünemann, Die sogenannte Finanzkrise, S. 24.

Vorgabe (zumindest mittelbar) das Vermögen des Betreuten – in diesem Fall der AG – schützen soll. Ein vermögensschützender Charakter steht hierbei außer Frage, jedoch soll der Existenzerhalt einer Gesellschaft in erster Linie deren Gläubigern dienen.[259] Die herrschende Meinung geht jedoch davon aus, dass bei haftungsbeschränkten Kapitalgesellschaften der Erhalt des Stammkapitals zwar überwiegend dem Gläubigerschutz dient, es zum Erreichen dieses Schutzes aber zwangsläufig notwendig ist, dass das Vermögen der Gesellschaft von dem der Gesellschafter getrennt und selbst geschützt ist.[260] Daher kann man von „einem nicht disponiblen Verbot existenzgefährdender Handlungen sprechen, dass auch über die Untreue geschützt wird".[261]

Der Vorstand einer AG hat daher gem. § 91 Abs. 2 AktG geeignete Maßnahmen zu treffen, insbesondere ein Überwachungssystem einzurichten, damit den Fortbestand der Gesellschaft gefährdende Entwicklungen früh erkannt werden. Inhaltlich werden die zu ergreifenden Maßnahmen durch § 25a Abs. 1 KWG konkretisiert. Die darin geregelten Anforderungen an die Einrichtung eines Risikomanagementsystems werden zudem durch die von der BaFin herausgegebenen „Mindestanforderungen an das Risikomanagement" (MaRisk) weiter präzisiert.[262] § 25a Abs. 1 KWG verlangt insbesondere die Einrichtung eines Kontrollsystems, welches „Prozesse zur Identifizierung, Beurteilung, Steuerung sowie Überwachung und Kommunikation der Risiken"[263] reguliert. Bezogen auf die Kreditvergabe sind aus Sicht der MaRisk zwei Komponenten zur Beurteilung des Kreditausfallrisikos relevant, deren ständige Überwachung gewährleistet sein soll. Die erste Komponente ist danach die Sicherstellung der Kapitaldienstfähigkeit[264] und der Werthaltigkeit, die zweite ist die Wertbeständigkeit und die Liquidierbarkeit der gestellten Sicherheiten.[265]

Es kann somit festgehalten werden, dass die Vermögensbetreuungspflicht der Vorstände durch die bankenaufsichts- und gesellschaftsrechtlichen Vorgaben insoweit inhaltlich ausgefüllt wird, dass durch die Geschäftsführung stets die Überwachung der laufenden Risiken sichergestellt sein muss, um eine Bestandsgefährdung frühzeitig zu erkennen und zu verhindern. Ein die Existenz einer Bank gefährdendes Verhalten des Vorstands kann daher grundsätzlich als pflichtwidrig angesehen werden. Eine Billigung des Verhaltens des Vorstandes durch den Aufsichtsrat ist dabei für die Pflichtwidrigkeit nicht von Belang, da es sich nicht um interne Vorgaben, sondern um zwingendes geltendes

---

[259] Für das Verbot existenzgefährdender Handlungen einer GmbH selbst bei Einverständnis aller Gesellschafter BGHSt 35, 333 (336f.).

[260] Ransiek, ZStW 2004, S. 672f.; Schröder, Handbuch Kapitalmarktstrafrecht, Rn 1161.

[261] Schröder, Handbuch Kapitalmarktstrafrecht, Rn 1162.

[262] Schumann in Müller-Gugenberger/Bieneck, Wirtschaftsstrafrecht, § 67, Rn 38.

[263] Braun in Boos/Fischer/Schulte-Mattler, KWG, § 25a, Rn 14.

[264] Kapitaldienstfähigkeit ist die Fähigkeit eines Kreditnehmers, die Zins- und Tilgungszahlungen fristgemäß und nachhaltig zu erbringen; Müller/Müller, Risikosteuerung der Kreditvergabe, S. 24.

[265] Müller/Müller, Risikosteuerung der Kreditvergabe, S. 24.

Recht handelt. Eine Billigung der Rechtsverstöße durch den Aufsichtsrat kann daher zusätzlich auch dessen strafrechtliche Verantwortlichkeit begründen.[266]

Zu verdeutlichen ist jedoch noch, dass nicht jeder Verstoß gegen die Vorschriften des KWG gleichsam eine gravierende Pflichtverletzung, wie sie im Rahmen der Untreue gefordert wird, begründet, da diese Vorschriften nur die Grenzen des erlaubten Risikos markieren und demnach die Pflicht zur Erhaltung des Bestands und der dauerhaften Rentabilität des Unternehmens aus §§ 76, 93 AktG inhaltlich präzisieren.[267] Daher wird dem geringfügigen Überschreiten der KWG-Vorschriften vom BGH lediglich eine Indizwirkung zuerkannt.[268] Eine gravierende Pflichtverletzung i.S.d. § 266 StGB soll jedoch anzunehmen sein, wenn die vorgegebenen Grenzen des KWG massiv überschritten wurden.[269]

Nachfolgend soll im Hinblick auf die eben dargelegten Grundsätze und unter Bezugnahme auf die einschlägigen kapitalmarktrechtlichen Vorgaben die Pflichtwidrigkeit des ABS-Geschäfts untersucht werden.

4.4.3.2.1 Erwerb von ABS-Anleihen und CDOs

Zunächst soll der Erwerb von CDOs und ABS-Anleihen, welcher von den Banken selbst und nicht über Zweckgesellschaften getätigt wurde, beleuchtet werden. Auch diese direkten Käufe wurden in großem Umfang betrieben, beispielsweise investierte die IKB selbst 7 Mrd. Euro in Kreditportfolios.[270] Generell ist in dem Erwerb solcher Wertpapiere kein pflichtwidriges Verhalten zu sehen,[271] da es sich bei Produkten wie ABS-Anleihen um durchaus sinnvolle Instrumente zur Risikostreuung handeln kann,[272] weshalb der Markt für diese Produkte nicht per se mit einem Schneeballsystem verglichen werden sollte.[273] Jedoch muss eine Entscheidung des Vorstands zum Kauf solcher Papiere auf der Grundlage angemessener Informationen zum Wohle der Gesellschaft erfolgen, § 93 Abs. 1 S. 2 AktG. Der Vorstand muss demnach alle zur Verfügung stehenden Informationen abschöpfen, eigene Informationsquellen im Unternehmen schaffen und sich nicht ausschließlich auf die Angaben Dritter verlassen.[274] Fraglich ist daher, ob die Vorstände der betreffenden Banken eine ausreichend fundierte Entscheidung trafen.

---

[266] Schröder, Handbuch Kapitalmarktstrafrecht, Rn 1164.

[267] Brüning/Samson, ZIP 2009, S. 1093f.

[268] BGHSt 46, 30 (32).

[269] Brüning/Samson, ZIP 2009, S. 1094.

[270] IKB Geschäftsbericht 06/07, S. 69.

[271] Schröder, Handbuch Kapitalmarktstrafrecht, Rn 1167.

[272] Zeising, BKR 2007, S. 311.

[273] So jedoch Schünemann in Schünemann, Die sogenannte Finanzkrise, S. 90; dagegen Schröder, Handbuch Kapitalmarktstrafrecht, Rn 1167.

[274] OLG Düsseldorf ZIP 2010, 28 (31).

Hierbei ist darauf zu achten, dass ausschließlich der ex-ante-Maßstab anzulegen ist und sich eine Betrachtung auf Basis des heutigen Erkenntnisstandes verbietet.[275] Es geht somit um die Frage, ob das Risiko der Papiere für die Vorstände zum damaligen Zeitpunkt abschätzbar war. Grundsätzlich sollte der Vorstand über die Haftungsverhältnisse eines Wertpapiers, die dem Inhaber verliehenen Rechte und die Marktverhältnisse informiert sein.[276] Das OLG Düsseldorf führt dazu an, dass schon mit Blick auf die übermäßige Komplexität und Intransparenz der Produkte eine auf ausreichender Informationsgrundlage getroffene Entscheidung des Vorstandes nahezu unmöglich war.[277] Aufgrund der in den vorherigen Abschnitten dargestellten Komplexität verließen sich die Banken auf die Bewertungen der Ratingagenturen. In der Regel wurden hierbei Wertpapiere gekauft, deren Ausfallrisiko als äußerst gering beurteilt wurde (AAA bis A-).[278] Hinsichtlich der Zweifel an der Neutralität der Ratingagenturen und den Unzulänglichkeiten ihrer Bewertungen wird auf die Ausführungen unter 2.2.1.6 verwiesen. Die Schwächen, welche die Berechnungsmethoden der Agenturen aufwiesen, waren teilweise auch zum damaligen Zeitpunkt bereits bekannt.[279] Insbesondere Banken, die solche Papiere nicht nur ankauften, sondern selbst Verbriefungen durchführten, wie beispielsweise die IKB, und demnach sowohl auf Käufer- als auch Verkäuferseite standen, waren mit den gängigen Praktiken des Ratings vertraut und wussten somit, dass auf die Bewertungen kein voller Verlass war.[280] Problematisch ist jedoch, dass die Bewertungen der großen Ratingagenturen sowohl in den USA als auch in Deutschland gesetzlich anerkannt sind (vgl: §§ 33, 44, 46, 52ff. SolvV). Daraus könnte sich ableiten, dass eine Orientierung an diesen Ratings nicht pflichtwidrig sein kann.[281] Hingegen begreift es das OLG Düsseldorf als erheblichen Verstoß gegen die Pflicht des Vorstandes, alle verfügbaren Erkenntnisquellen auszuschöpfen, wenn „Ratings der Agenturen zur allein maßgeblichen Informationsquelle für Anlageentscheidungen erhoben"[282] wurden. Dies wird damit begründet, dass die Agenturen den Vorstand nicht von der Pflicht zur eigenen Informationsbeschaffung entbinden können.[283] Dies ist vor allem insoweit konsequent, als dass die Ratings nur das Ausfallrisiko der Papiere abbilden sollen. Daneben existiert jedoch noch das sogenannte Marktrisiko, welches darin besteht, dass der Preis,

---

[275] Wastl, ZfgK 2010, S. 1222.

[276] Schünemann in Schünemann, Die sogenannte Finanzkrise, S. 90.

[277] OLG Düsseldorf ZIP 2010, 28 (31).

[278] Kasiske in Schünemann, Die sogenannte Finanzkrise, S. 24; IKB Geschäftsbericht 06/07, S. 58; IKB Geänderter Geschäftsbericht 06/07, S. 16.

[279] OLG Düsseldorf ZIP 2010, 28 (32); Singer, ZfgK 2008, S.51.

[280] Kasiske in Schünemann, Die sogenannte Finanzkrise, S. 26.

[281] Schünemann in Schünemann, Die sogenannte Finanzkrise, S. 91.

[282] OLG Düsseldorf ZIP 2010, 28 (32).

[283] Ebenda.

der auf dem Markt für ein Wertpapier gezahlt wird, fallen kann.[284] Dieses Risiko wurde von den Ratings nicht abgebildet, musste aber dennoch in eine Kaufentscheidung des Vorstands einbezogen werden. Gerade im Fall von CDOs und ABS war der Markt, anders als bei Aktien oder Unternehmensanleihen, nicht institutionalisiert, weshalb diese Papiere zumeist „over-the-counter" (OTC) direkt zwischen den Beteiligten gehandelt wurden.[285] Dies führte dazu, dass dieser Markt sehr klein und somit auch äußerst labil war, was auch den Akteuren an diesem Markt bewusst sein musste.[286] Bereits im Jahre 2003 wies die Hochschule für Bankwirtschaft (HfB) darauf hin, dass bei CDOs das Marktpreisrisiko sehr viel höher ist, als das eigentliche, durch die Ratings ausgedrückte, Ausfallrisiko:

„Das makroökonomische Risiko ist für einen Senior-Noteholder sehr viel höher in Bezug auf den Marktwert der Tranche als das Eintreten einer hohen Anzahl unabhängiger Defaults. Obwohl noch kein Ausfall eingetreten sein muss, kann ein durchschnittliches Herabstufen des Assetpools um 3 Notches einen Mark-to-Market-Verlust in Höhe von 30% bedeuten.

Es wird deutlich, dass Equity-Investoren ein stark gehebeltes Investment besitzen. Schon sehr wenige Defaults führen zu einer negativen Rendite."[287]

Auch das OLG Düsseldorf weist darauf hin, dass Warren Buffet im Geschäftsbericht von Berkshire Hathaway Inc. bereits im Jahre 2002 auf die großen Gefahren von Derivaten und Finanzinnovationen aufmerksam gemacht hat.[288]

Zusammenfassend kann gesagt werden, dass bereits der Erwerb von ABS-Anleihen und CDOs als erhebliches Risikogeschäft qualifiziert werden kann und dies auch sowohl den Vorständen als auch den Aufsichtsräten der Banken bewusst gewesen sein musste. Jedoch gehört es zum Geschäft einer Bank, Risiken einzugehen und dadurch Gewinne zu generieren, weshalb der Ankauf der Wertpapiere an sich in der Regel keine gravierende Pflichtwidrigkeit i.S.d. § 266 StGB begründen wird.[289] Hinzu kommt, dass der Markt über mehrere Jahre funktionierte und gerade private Banken in ständigem Wettbewerb stehen. In diesem Zusammenhang ist auch zu beachten, dass die Aktionäre von ihren Vorständen oftmals riskante Geschäftsmodelle fordern, um die Eigenkapitalrendi-

---

[284] Kasiske in Schünemann, Die sogenannte Finanzkrise, S. 26.

[285] Kasiske in Schünemann, Die sogenannte Finanzkrise, S. 27.

[286] Schünemann in Schünemann, Die sogenannte Finanzkrise, S. 90.

[287] Heidorn/König, Investitionen in CDOs, S. 28.

[288] OLG Düsseldorf ZIP 2010, 28 (32).

[289] Schröder, Handbuch Kapitalmarktstrafrecht, Rn 1168.

te zu steigern.[290] Vorstände befinden sich daher in einem nicht zu vernachlässigenden Dilemma: Betätigen sie sich in riskanten Geschäftsmodellen im Interesse einer hohen Eigenkapitalquote, so riskieren sie eine Strafbarkeit wegen Untreue. Betätigen sie sich jedoch nicht, so kann ihnen in ausgewählten Fällen vorgeworfen werden, aufgrund einer Pflichtverletzung das zu betreuende Vermögen nicht gemehrt zu haben, was wiederrum das Risiko einer Strafbarkeit wegen Untreue birgt.[291]

Wenn die Risiken jedoch eingegangen werden, so müssen diese mittels der bankenaufsichtsrechtlich geforderten Risikomanagementsysteme ausreichend überwacht werden. Inwiefern ein solches System bestand und inwieweit sich deshalb der Ankauf der Wertpapiere in den zulässigen Grenzen des unternehmerischen Ermessens (auch im Hinblick auf die Ausschöpfung der Informationsquellen) befand, muss im Rahmen einer Einzelfallprüfung geklärt werden. Wenn jedoch das Management eines Großteils der eigenen Investments auf überarbeitete Tochtergesellschaften übertragen wird und der Vorstand daher nicht mehr in operative Entscheidungen eingebunden ist (so geschehen bei der IKB[292]), so liegt darin eine grobe Pflichtverletzung.[293]

4.4.3.2.2 Auslagerung von Krediten in Zweckgesellschaften

Die Auslagerung von Krediten in Zweckgesellschaften ist an sich nicht strafrechtlich relevant. Eine solche Praxis dient der Auslagerung von Kreditrisiken und stellt somit für sich betrachtet vielmehr eine Risikovermeidung als eine Risikoerhöhung dar.[294] Die Zulässigkeit folgt zum einen aus Vorschriften wie § 1 Abs. 24, 25, 26 KWG und den §§ 22a ff. KWG sowie aus entsprechenden Veröffentlichungen der Aufsichtsbehörde[295]. Des Weiteren ist die Auslagerung in Zweckgesellschaften zum Zwecke der Verbriefung in Deutschland explizit im Rahmen der sogenannten „True-Sale-Initiative"[296] gefördert worden. Aufgrund der Auslagerung des Risikos im Rahmen einer Zession nach § 398

---

[290] Sinn, Kasino Kapitalismus, S. 117f.

[291] BGHSt 31, 232ff.; Kindhäuser, StGB Kommentar, § 266, Rn 82; Brüning/Samson, ZIP 2009, S. 1094.

[292] Süddeutsche Zeitung v. 25.3.2009.

[293] OLG Düsseldorf ZIP 2010, 28 (33).

[294] Schröder, Handbuch Kapitalmarktstrafrecht, Rn 1165.

[295] BAKred, Rundschreiben 4/1997.

[296] Parallel zur geäußerten Absicht des Bundesfinanzministeriums, die wirtschaftlichen Rahmenbedingungen für die Emission von ABS in Deutschland nachhaltig zu verbessern, riefen im Jahr 2003 zwölf deutsche Banken gemeinsam mit der KfW-Bankengruppe die sogenannte „True-Sale-Initiative" ins Leben. Das erklärte Ziel ist es, die Rahmenbedingungen für traditionelle Kreditverbriefung in Deutschland durch die Schaffung von Mindeststandards und die Bereitstellung einer Infrastruktur zu verbessern, sodass auch deutsche Zweckgesellschaften für das Geschäftsmodell verwendet werden können. Die sechs Gründungsmitglieder waren die Bayerische Hypo- und Vereinsbank (HVB), die Commerzbank, die Deutsche Bank, die Dresdner Bank, die DZ Bank sowie die KfW. Ihnen schlossen sich später die Bayern LB, die Citigroup Deutschland, die Eurohyp, die HSH Nordbank, die Hessische Landesbank (Helaba) sowie die WestLB an. Ricken, Verbriefung von Krediten und Forderungen in Deutschland, S. 45.

BGB sind auch keine risikoabsichernden Maßnahmen wie eine Eigenkapitalunterlegung nach § 10 KWG oder die Überwachung durch ein Risikomanagementsystem zu fordern.[297]

4.4.3.2.3 Fristentransformation als solche

Fraglich ist, ob das System der Fristentransformation per se als pflichtwidrig einzustufen ist. Zwar besagt die sogenannte „goldene Bankregel", dass Aktiv- und Passivseite zeitlich möglichst kongruent sein sollten.[298] Jedoch muss eine strafrechtliche Relevanz der Fristentransformation als solche ebenfalls verneint werden, da es sich hierbei mittlerweile um eine generelle und anerkannte Praxis des Bankwesens handelt und – soweit dieses Konzept durch die Bank selbst praktiziert und demnach die Eigenkapitalunterlegung und die Liquiditätssicherung beachtet werden müssen – kein bestandsgefährdendes Risiko von ihr ausgeht.[299]

4.4.3.2.4 Garantieerklärungen für fristentransformierende Conduits

Von äußerster strafrechtlicher Relevanz ist dagegen das, was letztlich auch zu den schweren Krisen bei den deutschen Banken geführt hat: die Bereitstellung von Liquiditätslinien für fristentransformierende Conduits im Rahmen der ABCP-Programme. Es sei hierbei daran erinnert, dass die Conduits, welche die Fristentransformation im Rahmen des über kurzlaufende ABCP finanzierten Kaufs von langfristigen ABS-Anleihen betrieben, formal selbstständig und ohne jegliche rechtliche Bindung zu der als Sponsor auftretenden faktischen „Mutterbank" waren. Dies in Verbindung mit dem Fakt, dass ihr Sitz regelmäßig im Ausland angesiedelt war, führte dazu, dass sie nicht den deutschen Bankenregularien unterworfen waren und auch die Aufsichtsbehörde keinerlei Zugriff hatte.[300] Somit galten für sie die Vorgaben zur Eigenkapitalunterlegung (§ 10 KWG) und Liquiditätssicherung (§ 11 KWG) nicht. Die Liquiditätslinien, welche die Banken den Conduits einräumten, wurden immer nur für die Laufzeit eines Jahres oder weniger gegeben und im Anschluss erneuert, wodurch auch diese Garantien seitens der Banken nach den zur Tatzeit gültigen Basel I-Vorgaben nicht mit Eigenkapital unterlegt werden mussten.[301] Somit wurde eine Lücke in den damals geltenden Regulierungsvorschriften offensiv ausgenutzt.[302] Dies bedeutet jedoch auch, dass die Banken demnach gegen kei-

---

[297] Schröder, Handbuch Kapitalmarktstrafrecht, Rn 1166.

[298] Lutter, ZIP 2009, S. 199; Schröder in Bannenberg, Wirtschaftskriminalität, S. 248.

[299] Ricken, Verbriefung von Krediten und Forderungen in Deutschland, S. 41; Schröder, NJW 2010, S. 1171.

[300] BaFin Jahresbericht 07, S. 19.

[301] Schünemann in Schünemann, Die sogenannte Finanzkrise, S. 78.

[302] Ricken, Verbriefung von Krediten und Forderungen in Deutschland, S. 115.

nerlei bankenaufsichtsrechtsrechtliche Vorschriften verstießen. Jedoch lässt dies nicht die strafrechtliche Relevanz entfallen, da Bankvorstände dennoch keine existenzgefährdenden Risiken eingehen dürfen, auch wenn dies formal im Einklang mit den gültigen Regularien geschieht.[303] Zu den anerkannten Pflichten einer Bank gehört die Streuung von Risiken, weshalb das Eingehen übergroßer Risiken, sogenannter Klumpenrisiken, als pflichtwidrig angesehen wird.[304] Jedoch wurde genau dies von den Banken praktiziert. Durch die fehlende Pflicht zur Eigenkapitalunterlegung gab es keine natürliche Grenze für die bereitgestellten Liquiditätslinien, welche in der Regel das gesamte Anlagevolumen der Conduits abdeckten. Da diese ebenfalls dazu angehalten waren, möglichst viel, durch ABCP erlangtes und nicht mit Eigenkapital zu unterlegendes, Kapital in die ABS zu investieren, um dementsprechend höhere Erträge durch die Fristentransformation zu erzeugen, baute sich durch die Garantieerklärungen ein erhebliches Klumpenrisiko auf. Liquiditätslinien im Umfang von einem Viertel der gesamten Bilanzsumme (so die IKB[305]) oder in Höhe des dreifachen sächsischen Landeshaushalts (so die Sachsen LB[306]) führten dazu, dass schon bei der Inanspruchnahme einer einzigen Kreditlinie der Bestand der gesamten Bank gefährdet war. Zwar gingen die Banken offiziell davon aus, dass diese Liquiditätslinien entweder gar nicht oder zumindest nicht in vollem Umfang und dann auch nur zur Überbrückung kurzfristiger Marktstörungen in Anspruch genommen werden.[307] Jedoch spricht vieles dafür, auch im Hinblick auf den ex-ante Maßstab ein vorhersehbares Risiko zu bejahen. Das angewandte System der Fristentransformation birgt gleich drei unterschiedliche Gefahrenquellen, weshalb es als hochspekulativ bezeichnet werden kann. Erstens müssen die kurzfristigen Marktzinsen niedriger sein als die Zinsen der erworbenen langfristigen Anleihen. Zweitens muss es immer wieder genügend neue Käufer der ABCP geben, um durch diese Verkäufe die auslaufenden alten ABCP zu tilgen. Drittens muss der Kapitalfluss aus den langfristigen Forderungen, welche als Sicherheit für die ABCP dienen, stabil bleiben.[308] Zusammengenommen hing das gesamte System von den Entwicklungen des US-Immobilienmarkts ab. Dass es sich bei der Fristentransformation um ein riskantes Modell handelt, ist jedem Wirtschaftswissenschaftler und Kapitalmarktakteur bewusst. Den bekanntesten Fall, durch welchen die Gefahren dieses Modells bis dato veranschaulicht wurden, stellte der des Rudolf Münemann[309] dar. Zudem sind auch die sogenannten Revolvingge-

---

[303] BGHSt 35, 333 (336f.); OLG Düsseldorf ZIP 2010, 28 (31); Spindler in MüKo AktG, § 93, Rn 50; Hölters in Hölters, AktG, § 93, Rn 32; Martin, Bankuntreue, S. 108ff.

[304] Schumann in Müller-Gugenberger/Bieneck, Wirtschaftsstrafrecht, § 67, Rn 59.

[305] IKB Geschäftsbericht 06/07, S. 147.

[306] Sächsischer Rechnungshof, Sonderbericht 2009, S. 37; Schünemann in Schünemann, Die sogenannte Finanzkrise, S. 90.

[307] Vgl. IKB Geschäftsbericht 06/07, S. 199.

[308] Schröder, Handbuch Kapitalmarktstrafrecht, Rn 1122ff.

[309] Rudolf Münemann war Finanzmakler und Bankier und gilt heute als Erfinder des sogenannten 7-M-Systems, welches ebenfalls darauf basiert, langfristige Engagements kurzfristig zu refinanzieren und

schäfte (Darlehensrückkaufgeschäfte) aufgrund der Risiken der Fristentransformation nach § 1 Abs. 1 S. 2 Nr. 7 KWG per se erlaubnispflichtige Bankgeschäfte.[310]

Unabhängig davon, ob die Vorstände zur damaligen Zeit mit einem Zusammenbruch des Marktes hätten rechnen müssen oder nicht, kann festgehalten werden, dass Vorgaben wie §§ 10, 11 KWG und Basel I gerade dazu dienen, die Eingehung übergroßer Risiken zu verhindern.[311] Hätten die Banken ihre Liquiditätslinien für Laufzeiten von mehr als einem Jahr eingeräumt, was sie ja faktisch auch taten, so hätten diese mit Eigenkapital unterlegt werden müssen und daher niemals in einem solchen – bestandsgefährdenden – Volumen bestehen können.[312] Die Vorstände sind verpflichtet, keine existenzgefährdenden Risiken einzugehen und bestehende Risikoquellen durch die Einrichtung eines Risikomanagementsystems zu überwachen. Dies ergibt sich bereits aus § 91 Abs. 2 AktG und § 25a Abs. 1 KWG bzw. für die Landesbanken auch aus dem Gemeinwohlprinzip[313]. Dafür ist es auch nicht von Belang, ob Organisations- und Managementaufgaben an Tochterunternehmen delegiert werden (wie im Fall der IKB[314]), da damit keine Verlagerung der Verantwortung des Vorstands einhergeht.[315] Ebenso wenig ist es von Belang, ob die Finanzdienstleistungsaufsicht diese Geschäfte aufgrund der gesetzlichen Lücken billigt, da die Aufsichtsbehörde nicht von gesellschaftsrechtlichen Pflichten entbindet.[316] Auch der Umstand, dass die Risiken in Übereinstimmung mit Wirtschaftsprüfern bilanzrechtlich als Eventualverbindlichkeiten geführt wurden, kann nicht zur Exkulpation führen, da auch in diesem Zusammenhang die Verantwortung des Vorstands gegenüber seiner Bank bestehen bleibt.[317] Letztlich wurde bereits unter den vorangegangen Punkten verdeutlicht, dass auch ein blindes Vertrauen auf die Ratings nicht als angemessene Informationsgrundlage der Geschäftsführung dienen kann.[318]

Die Literatur und die bisher vorhandene Rechtsprechung bezeichnen es daher einhellig als „unvertretbar und eine Pflichtverletzung nach §§ 76 Abs. 1, 93 AktG, in dem System der Eigenkapitalunterlegung »die Lücke zu suchen«, um die Fristentransformation ex-

---

durch die Zinsdifferenz einen Gewinn zu generieren. Das System funktionierte in den 50er Jahren über eine gewisse Dauer sehr gut, brach jedoch mit einem Ansteigen der Zinsen zwangsläufig zusammen. Ausführlichere Darstellung bei Schröder, Handbuch Kapitalmarktstrafrecht, Rn 1176ff.

[310] Schröder, Handbuch Kapitalmarktstrafrecht, Rn 1181.

[311] OLG Düsseldorf ZIP 2010, 28 (32); Schumann in Müller-Gugenberger/Bieneck, Wirtschaftsstrafrecht, § 67, Rn 49ff.

[312] Kasiske in Schünemann, Die sogenannte Finanzkrise, S. 28.

[313] BVerfGE 61, 82 (107); Schünemann in Schünemann, Die sogenannte Finanzkrise, S. 89.

[314] Süddeutsche Zeitung v. 25.3.2009.

[315] OLG Düsseldorf ZIP 2010, 28 (33); Schumann in Müller-Gugenberger/Bieneck, Wirtschaftsstrafrecht, § 67, Rn 71.

[316] Forkel, ZfgK 2011, S. 668.

[317] Singer, ZfgK 2008, S. 51f.; Schröder, Handbuch Kapitalmarktstrafrecht, Rn 1188.

[318] OLG Düsseldorf ZIP 2010, 28 (32).

zessiv mittels kurzlaufender Commercial Papers in Conduits ohne Eigenkapitalunterlegung betreiben zu können".[319]

Diese Pflichtverletzung ist auch gravierend, da es sich bei der Pflicht zur Erhaltung des Unternehmens um eine Hauptverpflichtung des Vorstandes sowie auch des Aufsichtsrats handelt. Ein Verstoß gegen diese Pflicht liegt jenseits des unternehmerischen Handlungsspielraumes.[320]

Einzelfallspezifisch ist dabei jedoch die Frage zu beurteilen, ab wann ein solches Risiko bei den jeweiligen Banken auftrat. Da die Pflicht des Vorstands auch die Überwachung der eingegangenen Risiken beinhaltete, lag eine gravierende Pflichtverletzung spätestens zu dem Zeitpunkt vor, als sich die Anzeichen einer existenzbedrohenden Gefahr verdichteten und das Engagement in dem Geschäftsmodell dennoch nicht zurückgestellt bzw. im Gegenteil noch weiter ausgebaut wurde[321] (so beispielsweise bei der IKB, deren Conduit „Rhinebridge" im Juli 2007 – kurz vor dem Zusammenbruch des Marktes – noch ein Portfolio mit einem Volumen von 2,2 Mrd. US-Dollar aufnahm und dafür in voller Höhe Liquiditätslinien der IKB gestellt bekam[322]). Festgehalten werden kann dahingehend, dass es bereits im Jahre 2005 ernstzunehmende Warnungen von kompetenter Seite gab. In einem Schreiben vom 23. September 2005 wiesen beispielsweise die *Mortgage Insurance Companies of America* (MICA) ausdrücklich und ausführlich auf die Gefahren der Wertpapiere hin, die laut MICA daraus resultieren, dass es Versäumnisse bei den Kreditvergaben gab und erhebliche Schwierigkeiten bei der Bestimmung der Werthaltigkeit der Kredite bestehen.

In dem Schreiben heißt es unter anderem:

"Based on variety of recent comments, it is the understanding of the Mortgage Insurance Companies of America (MICA) that your agencies are working on guidance to address the growing risk in the residential mortgage first liens. [...] MICA is deeply concerned about increased mortgage-market fragility which, combined with growing bank portfolios in high-risk products, poses serious potential problems that could occur with dramatic suddenness."[323]

---

[319] Schröder, Handbuch Kapitalmarktstrafrecht, Rn 1175; gleicher Ansicht OLG Düsseldorf ZIP 2010, 28 (32); Forkel, ZfgK 2011, S. 668f; Schünemann in Schünemann, Die sogenannte Finanzkrise, S. 92; Lutter, ZIP 2009, S. 199; Kasiske in Schünemann, Die sogenannte Finanzkrise, S. 30; Brüning/Samson, ZIP 2009, S. 1094.

[320] BGH NStZ 2006, 221 (222); BGHZ 135, 244 (251); OLG Düsseldorf ZIP 2010, 28 (31); Kasiske in Schünemann, Die sogenannte Finanzkrise, S. 30.

[321] Schröder, Handbuch Kapitalmarktstrafrecht, Rn 1185.

[322] IKB Geänderter Geschäftsbericht 06/07, S. 17.

[323] MICA, Schreiben v. 23.9.2005 in Sächsischer Rechnungshof, Sonderbericht 2009, S. 94.

Weiter wird ausgeführt:

"*Indeed, one analyst of bank exposures has noted that '[t]here is a reason why the three largest banks that make 40% of the nuclear mortgages [option ARMs] are selling 75% of the product despite its high yield. They smell the risk.' The question remains as to which lenders have not yet smelled the risk and which ones will still be carrying the exposure when it is too late.*"[324]

Der Sächsische Rechnungshof erklärt in seinem Sonderbericht, dass sowohl er als auch die BaFin frühzeitig auf die Gefahren des Geschäftsmodells hingewiesen haben. Im Zusammenhang mit den sich seit 2005 häufenden Meldungen über ein bevorstehendes Platzen der US-Immobilienblase, spätestens jedoch mit der Meldung im Februar 2007 über eine sich abzeichnende Pleite des amerikanischen Immobilienfinanzierers New Century, musste die Krise nach Ansicht des Sächsischen Rechnungshofes wahrgenommen werden.[325]

Dennoch muss für jede Bank einzeln untersucht werden, ab wann bei ihr eine konkret sichtbare Existenzgefährdung bestand. Hierbei müssen neben den ABS- und CDO-Papieren auch die übrigen Kreditengagements sowie die Gesamtkonstitution der jeweiligen Bank untersucht werden. Zudem muss geprüft werden, ob und mit welcher Strategie die jeweiligen Institute versuchten, die Zinsänderungs- und Währungsrisiken über Zinsswaps und Währungsderivate auszuschalten.[326]

Sofern man eine gravierende Pflichtwidrigkeit durch das Verhalten eines Bankvorstands im Einzelfall bejahen kann, muss ebenfalls das Verhalten des Aufsichtsrates geprüft werden, da dieser die Geschäftsführung gem. § 111 Abs. 1 AktG zu überwachen hat und sich im Falle eines evidenten Rechtsverstoßes des Vorstandes – selbst bei unzureichender Information des Aufsichtsrates durch den Vorstand – gleichsam ein pflichtwidriges Verhalten zur Last legen lassen muss, sofern er nicht unverzüglich Gegenmaßnahmen ergreift.[327]

Ebenso stellt sich die Frage nach dem pflichtwidrigen Verhalten der Wirtschaftsprüfer, die nicht auf die bestandsgefährdenden Entwicklungen hingewiesen haben. Sie haben gem. § 321 Abs. 1 S. 3 HGB die Pflicht, auf bestandsgefährdende Gefahren für das Unternehmen in ihrem Prüfbericht hinzuweisen. Da die in Rede stehenden Risikoposten zum Prüfprogramm gehören, musste den Prüfern die Gefährlichkeit des Modells aufge-

---

[324] MICA, Schreiben v. 23.9.2005 in Sächsischer Rechnungshof, Sonderbericht 2009, S. 108.
[325] Sächsischer Rechnungshof, Sonderbericht 2009, S. 47 m.w.N.
[326] Schröder, Handbuch Kapitalmarktstrafrecht, Rn 1186.
[327] OLG Düsseldorf ZIP 2010, 28 (32f.).

fallen sein.[328] Sofern daraufhin kein Hinweis an die Geschäftsführung erfolgte, kann ebenfalls von einer Pflichtverletzung der Wirtschaftsprüfer ausgegangen werden.[329] Jedoch ist auch hierbei, insbesondere bezüglich der Schwere der Pflichtwidrigkeit, auf den konkreten Einzelfall abzustellen.

4.5 Vermögensnachteil

Über die Pflichtverletzung hinaus und infolge dieser, muss der Täter demjenigen, dessen Vermögen er zu betreuen hat, in diesem Fall der Bank, einen Nachteil zugefügt haben.[330] Ein Vermögensnachteil ist nach der Methode der Gesamtsaldierung dann anzunehmen, wenn das Vermögen nach der pflichtwidrigen Handlung insgesamt weniger wert ist als vorher.[331] Hierbei kommt es darauf an, inwieweit eine Vermögenseinbuße durch, wirtschaftlich zu bestimmende, werterhöhende Faktoren kompensiert wird.[332]

In Bezug auf den Kauf von ABS- und CDO-Papieren ist daher zunächst fraglich, ob bereits durch den Erwerb ein Vermögensnachteil entstanden ist. Hierbei kann argumentiert werden, dass die Wertpapiere aufgrund ihrer Abhängigkeit vom amerikanischen Immobilienboom und des damit verbundenen Risikos, von Grund auf keine ausreichende Kompensation für das investierte Kapital darstellten.[333] Dagegen spricht jedoch, dass für die Bestimmung des Wertes der Gegenleistung, in diesem Fall der Anleihe, eine wirtschaftliche Betrachtung maßgeblich ist. Demnach ist der zum Erwerbszeitpunkt gültige Marktwert ausschlaggebend. Unabhängig davon, ob die Martteilnehmer das Risiko nicht abschätzen konnten oder die Geschäfte aufgrund einer optimistischen Einschätzung hinsichtlich der Wertentwicklungen tätigten, muss festgehalten werden, dass die Wertpapiere längere Zeit trotz ihres gefährlichen Charakters zu erwerben, jedoch auch zu veräußern waren.[334] Wenn eine Bank die Papiere zu marktüblichen Preisen kaufte, bestand somit im Zeitpunkt des Erwerbs grundsätzlich auch die Möglichkeit, auf Kursverluste durch einen Verkauf zu reagieren, weshalb eine Kompensation des Kaufpreises durch den Erhalt der Anleihe bejaht werden muss.[335] Ein Vermögensnachteil kann somit nicht im Erwerb der Papiere gesehen werden.

---

[328] Lutter, ZIP 2009, S. 200.

[329] Ebenda.

[330] Kindhäuser, StGB Kommentar, § 266, Rn 75.

[331] Kindhäuser, StGB Kommentar, § 266, Rn 76; Schünemann in Schünemann, Die sogenannte Finanzkrise, S. 94.

[332] Beukelmann in Dölling/Duttge/Rössner, Gesamtes Strafrecht Kommentar, § 266, Rn 25.

[333] So Schünemann, der CDO- und ABS-Papiere generell als intensives Schneeballsystem charakterisiert, in Schünemann, Die sogenannte Finanzkrise, S. 95.

[334] Brüning/Samson, ZIP 2009, S. 1094.

[335] Ebenda; Schröder, Handbuch Kapitalmarktstrafrecht, Rn 1189.

Jedoch könnte ein Vermögensnachteil in der Übernahme der Garantien für die Conduits bestehen. In diesem Zusammenhang könnte der Schaden bereits im Zeitpunkt der Bereitstellung der Liquiditätslinien in Form einer schadensgleichen Vermögensgefährdung eingetreten sein. Eine solche ist nach ständiger Rechtsprechung und der überwiegenden Literatur ebenfalls als Schaden i.S.d. § 266 StGB anzusehen, wenn „Vermögenswerte konkret gefährdet sind, so dass nach wirtschaftlicher Betrachtungsweise bereits eine Verschlechterung der gegenwärtigen Vermögenslage eingetreten ist".[336] Es ist hierbei jedoch darauf zu achten, dass die Untreue ein Verletzungs- und kein Gefährdungsdelikt ist sowie, dass es bei ihr keine Versuchsstrafbarkeit gibt.[337] Zudem darf der Nachteilsbegriff mit Blick auf Art. 103 Abs. 2 GG nicht zu weit ausgelegt werden.[338] Aus diesen Gründen muss festgehalten werden, dass es sich bei der schadensgleichen Vermögensgefährdung nicht um einen hypothetischen, sondern bereits um einen echten Schaden handelt.[339] Der Schaden besteht in diesem Fall nämlich darin, dass ein auf dem Vermögen ruhendes Gefährdungspotential dessen Wert mindert.[340] Das Ausfallrisiko muss demnach derart hoch sein, dass zu dem rechtlich relevanten Zeitpunkt eine Wertberichtigung nach anerkannten kaufmännischen Grundsätzen durchgeführt werden müsste.[341] Die Höhe des Schadens errechnet sich somit aus der Differenz zwischen dem nominalen Wert und dem Wert der berichtigten Forderung – der Abschreibungsbedarf ist daher gleichsam der Schaden.[342] Bezogen auf einen riskanten Kredit bedeutet dies auch, dass der Tatbestand der Untreue bereits mit der Vergabe erfüllt ist, soweit von einem gefährdeten und demnach minderwertigen Rückzahlungsanspruch ausgegangen werden kann, wobei es dann auch nicht mehr von Belang ist, ob der Schuldner den Kredit tatsächlich nicht zurückzahlt oder dies, da er unverhofft zu Geld gekommen ist, wider Erwarten doch tut.[343]

Da es sich in rechtlicher Hinsicht somit um einen tatsächlichen Schaden handelt, hat der Begriff „schadensgleiche Vermögensgefährdung" im Grunde nur die Funktion, die Fallgruppen zu charakterisieren, bei welchen die Abgrenzung schwierig ist[344] und wur-

---

[336] BVerfG NJW 2009, 2370 (2372); BGHSt 44, 376 (384); BGHSt 48, 354 (357); BGHSt 51, 100 (113f.); Kindhäuser, StGB Kommentar, § 266, Rn 83; Beukelmann in Dölling/Duttge/Rössner, Gesamtes Strafrecht Kommentar, § 266, Rn 28; Ransiek, ZStW 2004, S. 658f.; Kasiske in Schünemann, Die sogenannte Finanzkrise, S. 31; Schröder, NJW 2010, S. 1173; zur Kritik an der schadensgleichen Vermögensverfügung Waßmer, Untreue bei Risikogeschäften, S. 131 m.w.N.

[337] BVerfG NJW 2009, 2370 (2372); Ransiek, ZStW 2004, S. 659.

[338] Ebenda.

[339] Nack, StraFo 2008, S. 279; Waßmer, Untreue bei Risikogeschäften, S. 131.

[340] Brüning/Samson, ZIP 2009, S. 1094.

[341] Ebenda.

[342] Nack, StraFo 2008, S. 279f.

[343] Martin, Bankuntreue, S. 123.

[344] Waßmer, Untreue bei Risikogeschäften, S. 132.

de vom BGH auch schon als entbehrlich bezeichnet.[345] Der BGH hat drei Kriterien aufgestellt, um eine schadensgleiche Vermögensgefährdung von einer abstrakten Gefährdungslage abzugrenzen. Zum einen muss mit einem alsbaldigen Eintritt eines entsprechenden endgültigen Schadens zu rechnen sein.[346] Zudem muss eine vom Berechtigten nicht mehr zu kontrollierende und nur noch im Belieben des Täters stehende Möglichkeit des endgültigen Vermögensverlusts bestehen.[347] Als drittes Kriterium wird gefordert, dass die, die schadensgleiche Vermögensgefährdung begründenden, Tatsachen feststehen und nicht nur möglicherweise vorliegen.[348]

Im Rahmen von Risikogeschäften kann eine schadensgleiche Vermögensgefährdung demnach bejaht werden, wenn das Geschäft mit unvertretbaren Risiken behaftet ist, wovon nach dem BGH auszugehen ist, wenn „der Täter nur nach Art eines Spielers bewusst und entgegen den Regeln kaufmännischer Sorgfalt eine aufs äußerste gesteigerte Verlustgefahr auf sich nimmt, nur um eine höchst zweifelhafte Gewinnaussicht zu erlangen".[349] Die Unvertretbarkeit des Risikos kann sich sowohl aus der hohen Wahrscheinlichkeit der Risikorealisierung als auch aus der in diesem Fall zu erwartenden Schadenshöhe ableiten.[350]

Hinsichtlich der Wahrscheinlichkeit der Risikorealisierung muss für die in Rede stehenden Liquiditätslinien davon ausgegangen werden, dass diese, vor allem mit Blick auf den ex-ante-Maßstab, zunächst verhältnismäßig gering war, da mit einer vollständigen Inanspruchnahme nur für den Fall des völligen Zusammenbruchs des ABCP-Markts zu rechnen war.[351] Dies greift jedoch zu kurz, da das ABCP-Programm, wie oben bereits beschrieben, von mehreren Risikofaktoren geprägt war. Diese waren neben einem Bestehenbleiben des ABCP-Marktes auch die gleichbleibende Zinsdifferenz und der anhaltende Immobilienboom. Daher kann ein sicherer Schaden jedenfalls ab dem Zeitpunkt bejaht werden, als erste Krisenanzeichen auf dem Immobilien- und demnach auch auf dem ABS-Markt sichtbar waren und sich dadurch die allgemeine Gefahr der Fristentransformation verdichtete.[352]

Hinsichtlich der im Falle der Risikorealisierung zu erwartenden Schadenshöhe kann daran erinnert werden, dass die Volumina der Garantieerklärungen ein solches Ausmaß hatten, dass bei vollständiger Inanspruchnahme auch nur einer Liquiditätslinie bereits der Bestand der Bank gefährdet war. Mit Blick auf ein solches „existenzgefährdende[s]

---

[345] BGHSt 53, 199, Rn 12.
[346] BGHSt 40, 287 (296).
[347] BGHSt 51, 100 (113).
[348] BVerfG NJW 2009, 2370 (2372) m.w.N.
[349] BGH NJW 1975, 1234 (1236).
[350] Kasiske in Schünemann, Die sogenannte Finanzkrise, S. 32.
[351] Ebenda.
[352] Schröder, Handbuch Kapitalmarktstrafrecht, Rn 1194.

– also letztlich schlimmstmögliche[s] – Risiko ist eine Unvertretbarkeit auch dann zu bejahen, wenn die Eintrittswahrscheinlichkeit nur relativ niedrig anzusetzen ist".[353]

Sofern man in den Gewinnen aus der Fristentransformation, welche die Banken in Form von Beraterhonoraren von den Conduits erhielten, eine Kompensation für die übernommenen Garantien sieht, so muss zumindest das Erfordernis der Gleichwertigkeit verneint werden, da es für eine Existenzgefährdung der Bank keine adäquate Kompensation gibt.[354]

Ein Schaden in Form der schadensgleichen Vermögensgefährdung kann demnach schon von Anfang an durch Bereitstellung der Liquiditätslinien bejaht werden.

Im Hinblick auf die Schadenshöhe muss berücksichtigt werden, dass der Zusammenbruch der Banken mehrere Faktoren zur Grundlage hatte. Die Unverkäuflichkeit der von den Banken garantierten ABCP folgte auch daraus, dass der Markt die Existenzgefährdung der betreffenden Institute erkannte und ihren Liquiditätslinien daher nicht mehr vertraute. „Diese Reaktion des Marktes dürfte als Nachteil nicht zurechenbar sein".[355]

Das BVerfG fordert, mit Blick auf die Vermeidung eines Verschleifens der Tatbestandsmerkmale und einer verfassungswidrigen Überdehnung des Untreue-Straftatbestandes, auch einen Gefährdungsschaden „in wirtschaftlich nachvollziehbarer Weise festzustellen. Anerkannte Bewertungsverfahren und –maßstäbe sind zu berücksichtigen; soweit komplexe wirtschaftliche Analysen vorzunehmen sind, wird die Hinzuziehung eines Sachverständigen erforderlich sein. Die im Falle der hier vorzunehmenden Bewertung unvermeidlich verbleibenden Prognose- und Beurteilungsspielräume sind durch vorsichtige Schätzung auszufüllen".[356] Allerdings gilt dieses Erfordernis nicht im Falle von „einfach gelagerten und eindeutigen Fällen – etwa bei einem ohne weiteres greifbaren Mindestschaden".[357]

4.6 Subjektiver Tatbestand

Da es sich bei der Untreue um ein Vorsatzdelikt handelt, müssten die Täter, namentlich Vorstands-, Aufsichtsrats- und Verwaltungsratsmitglieder sowie Wirtschaftsprüfer, im Hinblick auf die objektiven Tatbestandsmerkmale vorsätzlich gehandelt haben. Da dies jeweils für den Einzelfall bei den betreffenden Personen ermittelt werden muss, können

---

[353] Kasiske in Schünemann, Die sogenannte Finanzkrise, S. 32.

[354] Kasiske in Schünemann, Die sogenannte Finanzkrise, S. 33.

[355] Schröder, Handbuch Kapitalmarktstrafrecht, Rn 1195.

[356] BVerfG v. 23. 6. 2010 – 2 BvR 2559/08, 2 BvR 105/09; 2 BvR 491/09, Rn. 151.

[357] BVerfG v. 23. 6. 2010 – 2 BvR 2559/08, 2 BvR 105/09; 2 BvR 491/09, Rn. 113.

nachfolgend nur Anhaltspunkte für und gegen das Vorhandensein eines Vorsatzes aufgezeigt werden.

4.6.1 Vorsatz bezüglich Pflichtwidrigkeit

Der Vorsatz besteht aus einem intellektuellen und einem voluntativen Element. Voraus-
gesetzt wird daher zunächst, dass der Täter seine Pflichten kennt und diese bewusst verletzt.[358] Ein Problem im Rahmen der Pflichtwidrigkeit könnte sich daraus ergeben, dass
nicht bewusst gegen aufsichtsrechtliche Regelungen verstoßen wurde, da unter Basel I
die bereits beschriebene Lücke existierte.[359] Jedoch bestand die Pflichtwidrigkeit darin,
dass Risiken eingegangen wurden, welche den Bestand der Bank gefährdeten. Bei Landesbanken kann eine Pflichtwidrigkeit zudem im Verstoß gegen das Allgemeinwohl-
prinzip und bei Banken mit satzungsmäßig festgelegtem Zweck im Verstoß gegen die
Satzung gesehen werden. Letztgenannte werden sich dieser Zweckbindung bewusst
gewesen sein und es liegt nahe, dass sie auch erkannten, dass mit den Engagements auf
dem ABS-Markt gegen diese Vorgaben verstoßen wurde. Davon kann insbesondere
ausgegangen werden, wenn die jeweiligen Entscheidungsträger von anderer Stelle explizit darauf aufmerksam gemacht wurden, so wie es beispielsweise im Falle der Sachsen LB war, die diesbezügliche Hinweise des Sächsischen Rechnungshofes ignorier-
te.[360]

Hinsichtlich der Bestandgefährdung kann davon ausgegangen werden, dass jedem Ak-
teur bewusst war, dass er verpflichtet ist, die Existenz der Bank zu erhalten. Jedoch
müssten den Tätern auch die eingegangenen Risiken und die damit einhergehende Bestandsgefährdung bewusst gewesen sein. Für ein Bewusstsein der Gefahren des Kredit-
verbriefungsgeschäfts spricht zunächst, dass in der Zeit, in der die Geschäfte getätigt
wurden, eine breite und kontroverse Fachdiskussion über die regulatorische Absiche-
rung gegen die typischen Kreditrisiken im Rahmen der Basel II-Debatte geführt wurde.[361] Für ein Bewusstsein der Risiken der Fristentransformation spricht, dass seitens
der Banken versucht wurde, diese über Zins- und Währungsderivate abzusichern.[362]
Jedoch führte dies gleichsam zu einem gewissen Gefühl von Sicherheit, welches zudem
durch die Bewertungen der Ratingagenturen unterstützt wurde. Die verschiedenen Sicherungstechniken wirken auf den Vorsatz zurück, da bis zum Ausbruch der systemi-
schen Krise niemand ernsthaft damit rechnen musste, dass die Sicherungsgeber ausfal-

---

[358] Schumann in Müller-Gugenberger/Bieneck, Wirtschaftsstrafrecht, § 67, Rn 111.
[359] Schröder, Handbuch Kapitalmarktstrafrecht, Rn 1196.
[360] Sächsischer Rechnungshof, Sonderbericht 2009, S. 29.
[361] Forkel, ZfgK 2011, S. 669.
[362] Schröder, Handbuch Kapitalmarktstrafrecht, Rn 1196.

len könnten.[363] Indes waren sich die Täter bewusst, dass man nicht blind auf die Ratings vertrauen durfte, da diese zum einen das Marktpreisrisiko nicht abbildeten und zum anderen in Fachkreisen bekannt war, dass aufgrund von Interessenkonflikten bei den Agenturen sowie deren unzulänglichen Berechnungsmodellen, oftmals viel zu optimistische Bewertungen erfolgten.[364] Zumindest müssen die fragwürdigen Praktiken der Ratingagenturen denjenigen bekannt gewesen sein, die, wie die IKB, selbst Verbriefungen durchführten und somit nicht nur auf Käufer-, sondern auch auf Verkäuferseite standen.[365] Hinzu kommt, dass die Täter nur deshalb auf die Ratings vertrauten, weil sie selbst keinerlei Möglichkeit hatten, die intransparenten Produkte adäquat zu bewerten. Allein aus dem Bewusstsein dieser Unsicherheit hätten Zweifel erwachsen müssen.[366]

Es kann festgehalten werden, dass grundsätzlich jeder Vorstand wusste, was er tat. Inwiefern jedoch der Glaube an die Sicherheit des Systems dazu führte, dass eine bewusste Pflichtwidrigkeit verneint werden muss, bedarf einer Einzelfallprüfung.

Zumindest der Fakt, dass die Banken „die Geschäfte nicht ganz normal selbst tätigten und der Bankenaufsicht unterbreiteten, sondern über vermögenslose ausländische ‚Vehikel' mit künstlich gestaffelten Kettenbürgschaften daran vorbeimanövrierten, […] spricht […] nicht gerade für ein Vertrauen auf die Korrektheit der Geschäfte".[367] Letztlich muss hierbei auch verdeutlicht werden, dass das Geschäft nicht von ausnahmslos allen Banken betrieben wurde, sondern viele Vorstände nach eigener Prüfung mit Blick auf den Erhalt des eigenen Instituts von dem Modell Abstand nahmen.[368]

Inwiefern auch Wirtschaftsprüfer und Aufsichtsräte vorsätzlich pflichtwidrig gehandelt haben, bedarf ebenfalls der Einzelfallprüfung. Allgemein kann hierzu ausgeführt werden, dass der BGH[369] im Hinblick auf die Vergabe riskanter Kredite entschied, dass bei Gremienentscheidungen unterschiedliche Verantwortlichkeiten der Beteiligten infrage kommen. Die Entscheidungsträger dürfen sich zwar grundsätzlich auf die Berichte federführender Vorstände oder zuverlässiger Sachbearbeiter verlassen, jedoch sind bei Zweifeln oder Unstimmigkeiten eigene Nachforschungen geboten. Diese sind ebenfalls geboten, wenn besonders hohe, insbesondere existenzgefährdende, Risiken eingegangen werden.

Das OLG Düsseldorf äußerte im Falle des IKB-Aufsichtsrats den „begründete[n] Verdacht, dass auch einem vom Vorstand nur unzureichend informierten Aufsichtsrat es

---

[363] Schröder, NJW 2010, S. 1174.
[364] OLG Düsseldorf ZIP 2010, 28 (32).
[365] Kasiske in Schünemann, Die sogenannte Finanzkrise, S. 34.
[366] OLG Düsseldorf ZIP 2010, 28 (32).
[367] Schünemann in Schünemann, Die sogenannte Finanzkrise, S. 98.
[368] Forkel, ZfgK 2011, S. 668.
[369] BGHSt 47, 148, Rn 74; hierzu auch Schumann in Müller-Gugenberger/Bieneck, Wirtschaftsstrafrecht, § 67, Rn 116.

auch nicht hat entgehen können, dass der Vorstand übergroße und existenzbedrohende Risiken eingegangen ist".[370]

4.6.2 Vorsatz bezüglich Vermögensschaden

Das Wissenselement setzt zunächst allein voraus, dass der Täter die tatsächlichen Umstände kannte, aus denen sich der Schaden bzw. die Gefährdung für das Vermögen der Bank ergab.[371] Abstrakt wird man von einer Kenntnis der Gefährlichkeit des Modells bei den meisten Entscheidungsträgern ausgehen können. Problematisch ist jedoch das voluntative Element. Da man kaum einem Vorstand unterstellen können wird, dass er tatsächlich eine Liquiditätskrise der eigenen Bank herbeiführen wollte, kann nur ein Eventualvorsatz und demnach das billigende Inkaufnehmen infrage kommen.[372] Im Rahmen des Einzelfalles ist demnach zu prüfen, ab wann ein Vorstand die Gefährdung des Instituts wahrgenommen hat. Sofern er dennoch keine Gegenmaßnahmen ergriff oder die Engagements sogar noch ausweitete, liegt darin ein Indiz dafür, dass er sich mit der Existenzgefährdung abfand, auch wenn er diese nicht wollte oder sie für unwahrscheinlich hielt.[373]

Letztlich ist zu beachten, dass das BVerfG und auch der BGH aufgrund des weitgesteckten äußeren Tatbestandes des § 266 StGB eine besonders sorgfältige Feststellung des inneren Tatbestandes fordern, vor allem dann, wenn lediglich bedingter Vorsatz in Betracht kommt oder der Täter nicht eigennützig gehandelt hat.[374] Zumindest Letzteres kann wohl bei Vorständen und den Managern in den Investmentabteilungen mit Blick auf die erhaltenen Boni[375] im Millionenbereich verneint werden. Gleiches gilt für die in den Aufsichtsräten sitzenden Anteilseigner hinsichtlich der Ausschüttung der am Gesellschaftsgewinn bemessenen Dividende.[376]

---

[370] OLG Düsseldorf ZIP 2010, 28 (32).

[371] Schumann in Müller-Gugenberger/Bieneck, Wirtschaftsstrafrecht, § 67, Rn 118.

[372] Kasiske in Schünemann, Die sogenannte Finanzkrise, S. 35; Forkel, ZfgK 2011, S. 668.

[373] Schröder, Handbuch Kapitalmarktstrafrecht, Rn 1198f.

[374] BVerfG NJW 2009, 2370 (2372); BGH NJW 1975, 1234 (1236); BGHSt 47, 295 (302).

[375] Die im Zuge der ABS/ABCP-Programme kurzzeitig ermöglichten Buchgewinne führten zur Auszahlung hoher Boni an die Vorstände der Banken sowie an die Manager, die in den Investmentabteilungen tätig waren. Beispielsweise erhielten die sechs Vorstände der HSH Nordbank eine erfolgsabhängige Vergütung für das Jahr 2006 in Höhe von 5 Mio. Euro. Der Chef des Investmentbankings der Deutschen Bank bezog laut Presseberichten mehrfach Boni im hohen zweistelligen Millionenbereich und auch die sieben Vorstände der WestLB bezogen Boni von 6 Mio. Euro. Ausführliche Auflistung und weitere Nachweise bei Schünemann in Schünemann, Die sogenannte Finanzkrise, S. 96, Fn 97.

[376] Sinn, Kasino Kapitalismus, S. 114ff.

4.7 Wegfall des staatlichen Strafanspruchs oder Strafbarkeit der Bankenaufseher und Politiker

Sollte eine Strafbarkeit von Vorständen, Aufsichtsräten und Wirtschaftsprüfern, auch im Hinblick auf Rechtswidrigkeit und Schuld, bezüglich des ausgeführten Sachverhalts im Einzelfall bejaht werden, so stellt sich dennoch die Frage, ob von einer Bestrafung abgesehen werden müsste. Diese Ansicht vertritt namentlich *Forkel*[377] unter Bezugnahme auf folgende Argumentation: Da der Staat im Vorfeld der Finanzmarktkrise mit parteiübergreifenden Programmen und der, durch die staatliche KfW-Bankengruppe initiierten, „True-Sale-Initiative"[378] die Verbriefung ohne regulatorisches Eigenkapital im Rahmen derivativer Kreditgeschäfte förderte[379] und die Finanzdienstleistungsaufsicht keine Einwände erhob, führte dies zu einander widersprechenden Normbefehlen. Denn eine finanzmarktaufsichtsrechtliche Billigung und teilweise Genehmigung einerseits und ein strafrechtliches Verbot andererseits bilden einen Widerspruch, der aufgrund des aus dem Rechtsstaatsprinzip folgenden Gebots der Widerspruchsfreiheit der Rechtsordnung zwangsläufig zu einem Wegfall des staatlichen Strafanspruchs führe. Zur Untermauerung dieser These, können die sogenannten Lockspitzelfälle dienen, bei welchen ein Strafanspruch unter bestimmten Umständen verwirkt ist.[380] Wenn dies bejaht wird, obwohl der Täter nicht weiß, dass der Anstifter auf Seiten des Staates steht, so müsse es erst recht zu einer Verwirkung kommen, wenn dem Täter das staatliche Handeln bewusst ist.[381] Dagegen wird allerdings angeführt, dass sich der Staat nicht von seinen strafrechtlichen Aufgaben dispensieren kann, auch nicht wegen eigenen Fehlverhaltens.[382] Hingegen ist anerkannt, dass das Legalitätsprinzip, ähnlich wie bei den erwähnten Lockspitzelfällen, in gravierenden Ausnahmefällen Einschränkungen erfahren darf.[383]

Mit Blick auf den Umfang dieser Untersuchung soll dieses Problemfeld vorliegend nicht weiter bearbeitet werden, jedoch nicht unerwähnt bleiben. Denn es stellt sich die grundsätzliche Frage, welche Folgen das zuvor erwähnte Handeln staatlicher Stellen hat. Sofern dies nicht zu den von *Forkel* geforderten Verfolgungshindernissen führt,

---

[377] Forkel, ZfgK 2011, S. 669f.

[378] Zur Erläuterung siehe Fn 296.

[379] Exemplarisch sei hier die Förderung des Geschäftsmodells der Sachsen LB durch das Sächsische Staatsministerium der Finanzen angeführt, Sächsischer Rechnungshof, Sonderbericht 2009, S. 77ff. mit der dort abgedruckten Stellungnahme des SMF.

[380] BVerfG NStZ 1987, 276; Wolfslast, Staatlicher Strafanspruch und Verwirkung, S. 199f.; Forkel, ZfgK 2011, S. 669.

[381] Forkel, ZfgK 2011, S. 669f.

[382] Seelmann, ZStW 1983, S. 825.

[383] Wolfslast, Staatlicher Strafanspruch und Verwirkung, S. 117.

muss im Einzelfall auch die Strafbarkeit der staatlichen Entscheidungsträger wegen Anstiftung oder Beihilfe zur Untreue geprüft werden.[384]

---

[384] Forkel, ZfgK 2011, S. 670.

5 Schlussbetrachtung

Die vorliegenden Betrachtungen machen in erster Linie deutlich, dass es sich bei der Finanzmarktkrise nicht um ein naturkatastrophenähnliches Systemversagen handelte, sondern um das zwangsläufige Ergebnis menschlicher Fehlentscheidungen, die teilweise von äußerster strafrechtlicher Relevanz sind. Es wird zudem deutlich, wie durch das Nichtbeachten und Unterlaufen gesetzlicher Regulierungen, ein einziges Geschäftsmodell den globalen Finanzmarkt an den Rand des Zusammenbruchs führen kann.

Jedoch bleiben mehrere Fragen offen. Insbesondere hinsichtlich der strafrechtlichen Verantwortlichkeit im Einzelfall. Obwohl der Straftatbestand der Untreue in einem Großteil der Fälle objektiv als erfüllt angesehen werden kann, wird der Nachweis eines Vorsatzes in der Praxis die größten Schwierigkeiten bereiten.[385] Die Staatsanwaltschaft Düsseldorf stellte beispielsweise das Verfahren gegen Vorstände der IKB ein, da ihnen ein vorsätzliches Handeln nicht nachgewiesen werden konnte.[386] In Anbetracht des innerhalb der vorliegenden Untersuchung aufgezeigten Vorgehens der IKB, welche wenige Wochen vor dem Zusammenbruch des Marktes trotz erheblicher Warnungen ihr ABS-Engagement noch ausweitete, stellt sich die Frage, inwieweit diese Verfahrenseinstellung Auswirkungen auf die übrigen Fälle haben wird. Jedoch bedeutet dies auch nicht das Ende der strafrechtlichen Aufarbeitung, wie die im September 2011 erhobene Anklage der Staatsanwaltschaft Leipzig wegen des Vorwurfs der Untreue gegen drei Ex-Vorstände der Sachsen LB zeigt.[387] Unabhängig davon, welche Urteile in den weiteren Verfahren gesprochen werden, besteht die Hoffnung, dass hierdurch weitere Aufklärungsarbeit geleistet wird und dies unter Umständen auch Auswirkungen für die Zukunft hat. Zumindest die seit der Finanzmarktkrise eingeführten strengeren Regularien zeigen ein Umdenken der staatlichen Stellen. Ob auch ein Umdenken der Finanzmarktakteure erwartet werden kann, ist indes fraglich. Nicht nur, dass es auch vor der Krise strikte Vorschriften gab, welche von den Marktteilnehmern jedoch durch geschickte Konstruktionen bewusst umgangen wurden. Auch die Meldungen über ein nach wie vor unverändertes Verhalten vieler, durch staatliche Rettung vor dem Zusammenbruch bewahrter, Banken im Investmentsektor[388] lassen an einer aus der Krise gezogenen Lehre zweifeln[389] und werfen zugleich die Frage auf, ob die strafrechtliche Ahndung der vergangenen Handlungen überhaupt ein geeignetes Mittel ist, um ein vergleichbares Verhalten für die Zukunft zu verhindern.

---

[385] Schröder, NJW 2010, S. 1174.
[386] Kasiske in Schünemann, Die sogenannte Finanzkrise, S. 34.
[387] Handelsblatt v. 7.9.2011; Spiegel Online v. 7.9.2011.
[388] Süddeutsche Zeitung v. 23.6.2009.
[389] Schünemann in Schünemann, Die sogenannte Finanzkrise, S. 102.

Literaturverzeichnis

Adick, Markus   Organuntreue (§ 266 StGB) und Business Judgment, Frankfurt a.M. 2010

Bannenberg, Britta   Wirtschaftskriminalität, Mönchengladbach 2010
(Hrsg.)

Beckemper, Katharina   Entscheidungsanmerkung zu BVerfG Beschl. v. 23.6.2010 – 2 BvR 2559/08, 2 BvR 105/09, 2 BvR 491/09, in: Zeitschrift für das juristische Studium (ZJS) 2011, S. 88 – 92

Boos, Karl-Heinz / Fi-   Kreditwesengesetz: Kommentar zu KWG und Ausfüh-
scher, Reinfrid / Schulte-   rungsvorschriften, 3. Auflage, München 2008
Mattler, Hermann (Hrsg.)

Boulkab, Rachid /   Asset Backed Commercial Paper Conduits: Struktur,
Marxfeld, Jan / Wagner,   Risiken und Bilanzierung, in: Zeitschrift für Internatio-
Claus-Peter   nale Rechnungslegung (IRZ) 2008, S. 497 – 504

Brüning, Janique / Sams-   Bankenkrise und strafrechtliche Haftung wegen Untreue
on, Erich   gem. § 266 StGB, in: Zeitschrift für Wirtschaftsrecht (ZIP) 2009, S. 1089 – 1094

Bundesanstalt für Finanz-   Jahresbericht 2007, Bonn, Frankfurt a.M. 2008
dienstleistungsaufsicht
(BaFin)

                              Rundschreiben 4/1997: Veräußerung von Kundenforde-
                              rungen im Rahmen von Asset-Backed Securities-
                              Transaktionen durch deutsche Kreditinstitute, abrufbar
                              unter: http://www.bafin.de/cln_043/nn_722754/Shared

Docs/Veroeffentlichungen/DE/Service/Rundschreiben/b a_bis_042002/ rs_9704_ba.html (abgerufen am 13.10.2011)

De Larosiére, Jacques   The High-Level Group on Financial Supervision in the EU – Report, Brüssel 2009

Dodd, Randall / Mills, Paul   Outbreak: U.S. Subprime Contagion, in: Finance and Development (F&D) 6/2008, S. 14 – 18

Dölling, Dieter / Duttge, Gunnar / Rössner, Dieter (Hrsg.)   Gesamtes Strafrecht: Handkommentar, 2. Auflage, Baden-Baden 2011

Europäische Kommission / Bundesrepublik Deutschland   Verständigung über Anstaltslast und Gewährträgerhaftung, Brüssel 2001

Forkel, Hans-Walter   Finanzkrise und Untreue, in: Zeitschrift für das gesamte Kreditwesen (ZfgK) 2011, S. 667 – 670

Franz, Thorsten   Gewinnerzielung durch kommunale Daseinsvorsorge, Tübingen 2005

Goette, Wulf / Habersack, Mathias (Hrsg.)   Münchener Kommentar zum Aktiengesetz, Band 2 §§ 76-117, 3. Auflage, München 2008

Habersack, Mathias / Mülbert, Peter O. / Schlitt, Michael (Hrsg.)   Unternehmensfinanzierung am Kapitalmarkt, 2. Auflage, Köln 2008

Heidorn, Thomas / König, Lars	Investitionen in Collateralized Debt Obligations: Publikation Nr. 44 der Hochschule für Bankwirtschaft (HfB), Frankfurt a.M. 2003
Held, Friedrich W.	Ist das kommunale Wirtschaftsrecht noch zeitgemäß?, in: Wirtschaft und Verwaltung (WiVerw) 1998, S. 264 – 294
Hesse, Martin	Die Weiter-so-Banker, in: Süddeutsche Zeitung (Onlineausgabe) v. 23.06.2009, abrufbar unter: http://www.sueddeut sche.de/geld/bonuszahlungen-die-weiter-so-banker-1.93982 (abgerufen am 6.11.2011)
Hölters, Wolfgang (Hrsg.)	Aktiengesetz Kommentar, München 2011
Hüther, Michael et al	Arbeitsweise der Bankenaufsicht vor dem Hintergrund der Finanzmarktkrise: IW-Gutachten für das Finanzministerium 2009, abrufbar unter: http://www.iwkoeln.de/ Portals/0/pdf/dokumente_andere/2009/Gutachten%20Ba nkenaufsicht.pdf (abgerufen am 10.10.2011)
IKB Deutsche Industriebank	9-Monatsbericht 2007/08: 1. April – 31. Dezember 2007, abrufbar unter: http://www.ikb.de/content/ de/ir/finanzberichte/Zwischenberichte/ZB_31_12_07_Q 3.pdf (abgerufen am 20.10.2011)
	Geänderter Geschäftsbericht 2006/2007, abrufbar unter: http://www.ikb.de/content/de/ir/finanzberichte/gb_2006 _2007/0607_IKB_Konzern.pdf (abgerufen am 20.10.2011)
	Geschäftsbericht 2006/2007, abrufbar unter: http://www.ikb.de/content/de/ir/finanzberichte/gb_2006 _2007/IKB_komplett_dt.pdf (abgerufen am 20.10.2011)
	Geschäftsbericht 2007/2008, abrufbar unter:

http://www.ikb.de/content/de/ir/finanzberichte/gb_2007
_2008/2007_08_IKB_Konzern_deutsch_080716.pdf
(abgerufen am 20.10.2011)

Kindhäuser, Urs   Strafgesetzbuch: Lehr- und Praxiskommentar, 4. Aufla-
                                ge, Baden-Baden 2010

Kühl, Kristian   Strafgesetzbuch Kommentar, 27. Auflage, München
                                2011

Kumpan, Christoph   Conflicts of interest in securitization: adjusting incen-
                                tives, in: Journal of Corporate Law Studies 2009, S. 261
                                – 294

Leyendecker, Hans / Ott,   Skandalbank IKB – Blick in den Abgrund des Versa-
Klaus   gens, in: Süddeutsche Zeitung (Onlineausgabe) v.
                                25.3.2009, abrufbar unter: http://www.sueddeutsche.de/
                                geld/skandalbank-ikb-blick-in-den-abgrund-des-versage
                                ns-1.390628 (abgerufen am 30.10.2011)

Lutter, Marcus   Bankenkrise und Organhaftung, in: Zeitschrift für Wirt-
                                schaftsrecht (ZIP) 2009, S. 197 – 201

                                Zur Rechtmäßigkeit von internationalen Risikogeschäf-
                                ten durch Banken der öffentlichen Hand, in: Betriebs-
                                Berater (BB) 2009, S. 786 – 791

Martin, Susanne   Bankuntreue, Berlin 2010

Mines, Michael C.   Fälle des Betruges im Zusammenhang mit zweitklassi-
                                gen (Subprime-) Hypothekendarlehen: Vortrag im
                                Rahmen der BKA-Herbsttagung 2008, abrufbar unter:

http://www.bka.de/nn_193606/DE/Publikationen/Herbst
tagungen/2008/herbsttagung2008__node,gtp=193736__
3D1.html?__nnn=true (abgerufen am 18.10.2011)

Mock, Mathias / Kappius, Robert	Verlauf der Finanzkrise: Entstehungsgründe, Verlauf und Gegenmaßnahmen, Wissenschaftliche Dienste des Deutschen Bundestags, Ausarbeitung WD 4 – 3000 – 075/09, 2009
Möllers, Thomas	Regulierung von Ratingagenturen: Das neue europäische und amerikanische Recht – Wichtige Schritte oder viel Lärm um Nichts?, in: Juristen-Zeitung (JZ) 2009, S. 861 – 871
Moraing, Markus	Kommunales Wirtschaftsrecht vor dem Hintergrund der Liberalisierung der Märkte, in: Wirtschaft und Verwaltung (WiVerw) 1998, S. 233 – 263
Mortgage Insurance Companies of America (MICA)	Schreiben v. 23.09.2005, in: Sächsischer Rechnungshof, Sonderbericht nach § 99 SäHO, Landesbank Sachsen Girozentrale, Leipzig 2009, S. 94ff.
Müller, Andreas / Müller, Diether	Risikosteuerung der Kreditvergabe, 3. Auflage, Herne 2007
Müller-Gugenberger, Christian / Bieneck, Klaus (Hrsg.)	Wirtschafsstrafrecht, 5. Auflage, Köln 2011
Nack, Armin	Bedingter Vorsatz beim Gefährdungsschaden – ein „doppelter Konjunktiv"?, in: Strafverteidiger Forum (StraFo) 2008, S. 277 – 280

O.V.

Betrugsvorwürfe: Goldman Sachs zahlt Rekordstrafe, in: Focus Money Online v. 16.7.2010, abrufbar unter: http://www.focus.de/finanzen/boerse/finanzkrise/betrugs vor wuerfe-goldman-sachs-zahlt-rekordstrafe_aid_5310 03.html (abgerufen am 23.10.2011)

Untreue-Verdacht: Anklage gegen Ex-Vorstände der Sachsen LB, in: Handelsblatt Online v. 7.9.2011, abrufbar unter: http://www.handelsblatt.com/unternehmen/ banken/anklage-gegen-ex-vorstaende-der-sachsen-lb/45 85332.html (abgerufen am 12.11.2011)

Untreue-Vorwurf: Staatsanwälte klagen Ex-Manager der Sachsen LB an, in: Spiegel Online v. 7.9.2011, abrufbar unter: http://www.spiegel.de/wirtschaft/unternehmen/0, 1518,784947,00.html#ref=rss (abgerufen am 12.11. 2011)

Vergleich mit SEC: Goldman Sachs zahlt 550 Millionen Dollar Strafe, in: Manger Magazin Online v. 16.7.2010, abrufbar unter: http://www.manager-magazin.de/unter nehmen/artikel/ 0,2828,706803,00.html (abgerufen am 23.10.2011)

Ransiek, Andreas

Risiko, Pflichtwidrigkeit und Vermögensnachteil bei der Untreue, in: Zeitschrift für die gesamte Strafrechtswis-senschaft (ZStW) 2004, S. 634 – 679

Ricken, Stephan

Verbriefung von Krediten und Forderungen in Deutsch-land, Düsseldorf 2008

Rousseau, Stéphane

Regulating Credit Rating Agencies after the Financial Crisis: The long and winding road toward accountabil-ity, Toronto 2009

Sächsischer Rechnungshof   Sonderbericht nach § 99 SäHO, Landesbank Sachsen Girozentrale, Leipzig 2009

Sachverständigenrat zur Begutachtung der gesamtwirtschaftlichen Entwicklung   Jahresgutachten 2007/08: Das Erreichte nicht verspielen, Paderborn 2007

Jahresgutachten 2008/09: Die Finanzkrise meistern - Wachstumskräfte stärken, Paderborn 2008

Schlitt, Michael / Löschner, Ramin   Abgetrennte Optionsrechte und Naked Warrants, in: Zeitschrift für Bank- und Kapitalmarktrecht (BKR) 2002, S. 150 – 157

Schröder, Christian   Die Komplexität internationaler Finanzmärkte – Einfallstor für Kriminalität, Manuskript des Vortrags im Rahmen der BKA-Herbsttagung 2008, abrufbar unter: http://www.bka.de/nn_193606/DE/Publikationen/Herbst tagungen/2008/herbsttagung2008__node,gtp=193736__ 3D2.html?__nnn=true (abgerufen am 18.10.2011)

Die Komplexität synthetischer Finanzprodukte als Ursache für Vertrauensverluste und kriminogenes Verhalten am Kapitalmarkt, in: Zeitschrift für Bankrecht und Bankwirtschaft (ZBB) 2010, S. 280 – 289

Handbuch Kapitalmarktstrafrecht, 2. Auflage, Köln 2010

Untreue durch Investitionen in ABS-Anleihen, in: Neue Juristische Wochenschrift (NJW) 2011, S. 1169 – 1174

Schünemann, Bernd (Hrsg.)	Die sogenannte Finanzkrise – Systemversagen oder global organisierte Kriminalität?, Berlin 2010
Schwark, Eberhard / Zimmer, Daniel (Hrsg.)	Kapitalmarktrechts-Kommentar, 4. Auflage, München 2010
Seelmann, Kurt	Zur materiell-rechtlichen Problematik des V-Mannes, in: Zeitschrift für die gesamte Strafrechtswissenschaft (ZStW) 1983, S. 797 – 833
Singer, Jürgen	Risikomanagement: Die dümmsten Schultern tragen die größten Risiken, in: Zeitschrift für das gesamte Kreditwesen (ZfgK) 2008, S. 51 – 52
	Risikomanagement: Die Wundertüten des modernen Finanzmarktes, in: Zeitschrift für das gesamte Kreditwesen (ZfgK) 2008, S. 8
Sinn, Hans-Werner	Kasino Kapitalismus: Wie es zur Finanzkrise kam und was jetzt zu tun ist, 2. Auflage, Berlin 2010
Standard and Poor's	S&P/Case-Shiller Home Price Indices, abrufbar unter: http://www.standardandpoors.com/indices/articles/en/eu/?articleType=PDF&assetID=1245322696059 (abgerufen am 4.10.2011)
Statistisches Bundesamt	Fachserie 18, Reihe 1.2, 3. Vierteljahr 2009, Wiesbaden 2009
Tiedemann, Klaus	Wirtschaftsrecht Besonderer Teil, 2. Auflage, Köln, München 2008

United States District Court Southern District of New York	Complaint [Securities Fraud], Securities and Exchange Commission v. Goldman Sachs & Co. and Fabrice Tourre (Klageschrift SEC ./. Goldman Sachs), New York 2010, abrufbar unter: http://www.sec.gov/litiga tion/complaints/ 2010/comp21489.pdf (abgerufen am 23.10.2011)
Waßmer, Martin P.	Untreue bei Risikogeschäften, Heidelberg 1997
Wastl, Ulrich	Finanzkrise, Untreue, das Bundesverfassungsgericht und die Zukunft, in: Zeitschrift für das gesamte Kreditwesen (ZfgK) 2010, S. 1221 – 1222
Whalen, R. Christopher	The Subprime Crisis: Cause, Effect and Consequences, abrufbar unter: http://www.ssrn.com/abstract=1113888 (abgerufen am 7.10.2011)
Wolfslast, Gabriele	Staatlicher Strafanspruch und Verwirkung, Köln, Berlin, Bonn, München 1995
Zeising, Michael	Asset Backed Securities (ABS): Grundlagen und neue Entwicklungen, in: Zeitschrift für Bank- und Kapital- marktrecht (BKR) 2007, S. 311 – 317